U0112330

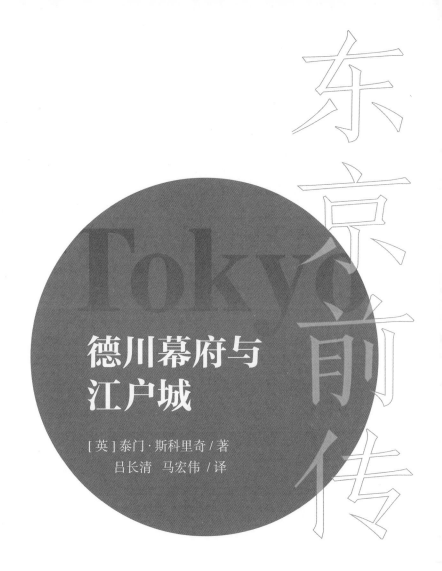

东京前传

Tokyo

德川幕府与
江户城

[英] 泰门·斯科里奇 / 著

吕长清　马宏伟 / 译

浙江人民出版社

图书在版编目（CIP）数据

东京前传：德川幕府与江户城 /（英）泰门·斯科里奇著；吕长清，马宏伟译. — 杭州：浙江人民出版社，2022.8

ISBN 978-7-213-10646-0

Ⅰ.①东… Ⅱ.①泰… ②吕… ③马… Ⅲ.①东京—历史 Ⅳ.①K313.9

中国版本图书馆CIP数据核字（2022）第098518号

浙 江 省 版 权 局
著作权合同登记章
图字：11-2020-296 号

东京前传：德川幕府与江户城

［英］泰门·斯科里奇 著 吕长清 马宏伟 译

出版发行：浙江人民出版社（杭州市体育场路 347 号 邮编：310006）

市场部电话：（0571）85061682 85176516

责任编辑：方 程

特约编辑：陈佳迪

营销编辑：陈雯怡 赵 娜 陈芊如

责任校对：姚建国

责任印务：刘彭年

封面设计：李 一

电脑制版：北京之江文化传媒有限公司

印 刷：浙江海虹彩色印务有限公司

开 本：710 毫米 × 1000 毫米 1/16 印 张：16

字 数：200 千字 插 页：4

版 次：2022 年 8 月第 1 版 印 次：2022 年 8 月第 1 次印刷

书 号：ISBN 978-7-213-10646-0

定 价：118.00 元

目 录

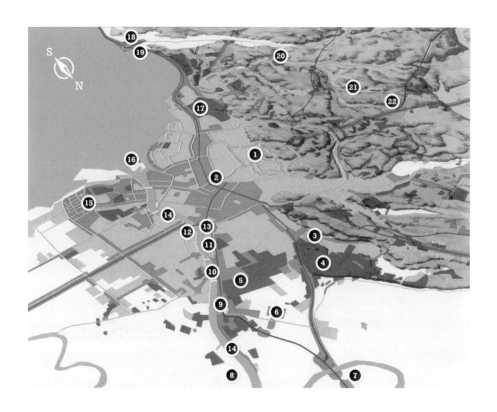

图1：《江户城》，1850年。

幕府城全景模拟图。橙色表示军事（武士）区，红色为平民区，蓝紫色为宗教机构

1 江户城堡	12 两国桥
2 日本桥	13 柳桥
3 不忍池	14 大河（隅田川）
4 宽永寺	15 五百罗汉寺
5 浅草寺（浅草观音寺）	16 佃岛
6 吉原	17 增上寺
7 千住	18 品川
8 梅若寺	19 海晏寺
9 待乳山	20 目黑
10 吾妻桥	21 山手
11 藏前	22 新宿

本书所讲述的，是东京成为现代日本首都之前的故事。在1868年之前，它还不叫东京，彼时这座城市一直被称为江户。

一直以来，江户城的地位与历史更悠久的古都——京都不相上下。事实上，"京都"这个词原本就是"首都"的意思。古老的京都是神秘的宗教兼文化人物"内裏"的居所，"内裏"的字面意思是"皇宫"。古时候，"内裏"曾以"天皇"这一头衔统治日本。但在12世纪，武士阶级崛起，天皇便大权旁落了。因此，内裏只能算是现代日本天皇的祖先。1868年，日本天皇重掌朝政，确立了相当于欧洲君主立宪制的国家政体。自此，日本成为一个现代民族国家，"内裏"迁往江户，江户因而成了日本的首都。由于江户位于日本东部，于是就被命名为东京（东方之都），而京都则成为一个专有地名。此后的种种过程将在后记中讨论。本书主要讲述的是江户的故事，也可以将其命名为《东京前传》。

江户自古以来就有人生活，这一地区曾发现了许多史前文物。但直到1590年德川家族控制江户，江户才成为一个重镇。在此之前的几十年时间里，德川这个伟大的武士家族渐渐崛起。他们在1600年取得了一场重大战役的胜利，并在1603年说服内裏封德川家康为征夷大将军，也称幕府将军，即国家的军事首领。幕府将军必须由内裏任命，内裏不掌握实权，只有名义上的最高统治权，实际控制并管理国家的是幕府将军。内裏只不过是傀儡，而幕府将军一旦获得头衔则可以世袭。日本历史上有三大幕府时代，德川幕府是最后一个。

在接下来的内容中，我们将对江户做一个评估，考察它的城市规划、文化以及生活。但这并不是一本编年体通史，也并非要对江户包罗万象的城市风貌和超过250年的历史进行系统的概述。我们只选取其中的一些片段，着重讲述这座城市当年的运行机制及其往事经历。其中一部分是关于江户相较于首都的角色定位（这里的首都是指现代的京都城）。无论过去还是现在，这两座大都市在东西轴线上恰好相距500公里。如今，日本的旅游指南上将京都称为"日本的皇城古都"，在某种程度上来说，确实如此。但在我们所说的那个时期，即1590—1868年，首都和江户一样，都处于幕府的控制之下。请注意，彼时的内裏并不是我们今天所理解的真正意义上的"天皇"。作为统治中心和政令中心，这对双子城实际上都是德川氏的领地。

日本是一个群岛，而且地形极其狭长。日本本土从北纬31度一直延伸到北纬45度，东西横跨经度约有20度。如果把日本群岛置于地中海地区地图之上，从东北到西南的范围大约相当于从罗马尼亚首都布加勒斯特一直延伸至撒哈拉沙漠中部；如果将其标绘在美国地图上，则大约是从马萨诸塞州的波士顿到得克萨斯州东南角的范围。日本同时也是多山国家，其地形与瑞士相似。放眼欧洲和北美，没有哪一个地方在拥有如此密集的山峰的同时，还能有较多的供人类居住的平地。在日本历史的进程中，为数不多的平地都被开发利用了，但江户周围的地区一直是片处女地。江户位于广阔的武藏野上，有人居住的地方也只是若干零星散落的小村庄。又由于地处海湾，其地理位置能庇护人们不受风暴的侵袭，这里成了渔民的家园。江户的意思就是"海湾门户"。尽管如此，江户并没有得到发展。它不是什么重要的地方，与日本早期的大城市相比简直微不足道——不要说首都，就是与奈良和大阪也没有什么可比性。1590年之前的江户闭塞落后，就像一潭死水。

那时的江户之所以落后，是有原因的。日本大部分地区都有火山，许多地方属于地震多发区域。其中江户尤其严重，算得上是全球范围内地震最活跃的地区之一。今天的东京也依旧如此。地震时摇晃的地面会导致建筑物倾斜倒塌，更为糟糕的是，打翻的火盆和炉子会引发火灾。此外，地震还会引发海啸，而江户这个"门户"却无法完全防御海啸。因此，没人会在这里建造重要的建筑。

除了自然条件严酷外，日本还多次遭受内战的摧残。和日本许多地方一样，江户曾修建过一座城堡，但时间较晚，准确地说是在1457年。江户的海滨位置赋予了它潜在的战略意义，至少是一个瞭望站。在海湾附近的大片沼泽地中有一块突出地面的岩石，城堡就建于此处。这座城堡并不算坚固，1524年被北条氏纲围困时，很快就被攻陷了。城墙下，渔民们依旧继续着他们靠海吃海的劳作。

宽阔的隅田川沿着武藏野的边缘蜿蜒流淌，在江户流入海湾，所以江户也有淡水。碰巧的是，江户上游有一座佛教寺庙，由于建在隆起的土地上而免受洪水侵袭，寺旁还有一个叫作浅草的村庄。该寺的僧众声称他们供奉的佛像很灵验，能够创造奇迹。浅草寺曾是当地人的祈愿圣地，但"浅草寺"的寺名也说明它的身份比较卑微。在日本，有名望的寺庙一般很少会简单地使用地名来命名，大多数都会取一些源于神学概念的高雅名称。然而，在江户崛起的过程中，浅草寺将发挥关键的作用。

1603年，德川幕府（或称江户幕府）建立后，江户得到了巨大的发

10

展。17世纪，当地的营房、宅邸、宗教建筑以及普通民居和道路建造速度迅速提升。到1720年左右，江户已经成为世界上最大的都市之一，居住人口足有100万之多。在这里，维持秩序、供应食品、清理污水和维持卫生条件等事务纷乱庞杂，（维持城市运作）需要付出旷日持久的努力。或许，当今日本社会仍然存在这些情况，但江户时期的原本面貌几乎完全消失了。目前，东京城里幸存下来的江户时期建筑屈指可数。城堡的护城河壕沟大都被填埋，填海工程也彻底改变了海岸线。反倒是江户城天守的石础历经磨难，连同一两座城门和几座寺庙的大殿部分得以保存下来，但俗世的建筑没有一座能够幸存。20世纪经历的战争灾难无须重提，在此之前就有接二连三的火灾一次又一次地焚毁了江户的城市肌理。不过，由于房子都是木制的，早晚也都要更换木材的。因而，江户的建筑风格始终处于一种变迁状态。一直以来，江户就像"祖父的斧子"①，不断除旧更新。但在21世纪的今天，除了零星的街道布局外，江户已经荡然无存。一些历史学家称东京为"一座只有故事的城市"。确实，它只有记忆，很少有实物。本书并不会强调这一点。我们要做的，是将故事与故事之间的空间填充起来，即使没有太多的有形建筑物，那至少还有普通人的现实生活和经历可以借鉴。我们将挖掘（有时确实是字面上的意思）塑造这座幕府城市并支配其空间逻辑的力量。这种力量由两部分组成：权力，即武力的统治；魔力，即天地间的无形力量对江户的掌控。自上而下，由高到低，江户的百姓都生活在这两种力量的控制之下。而1603年的幕府绝不会想到，这种状态将持续250年以上。

也许我们缺少构建这段历史的建筑材料，但我们并不缺乏其他的资料证据。江户流动的文化在绘画、版画、照片以及印制书籍中保存得相当完

---

① 英语俗语，意为祖辈一代代传下来的东西，每一代都更换其中一部分，最终所有的零件都被替换。——译者注

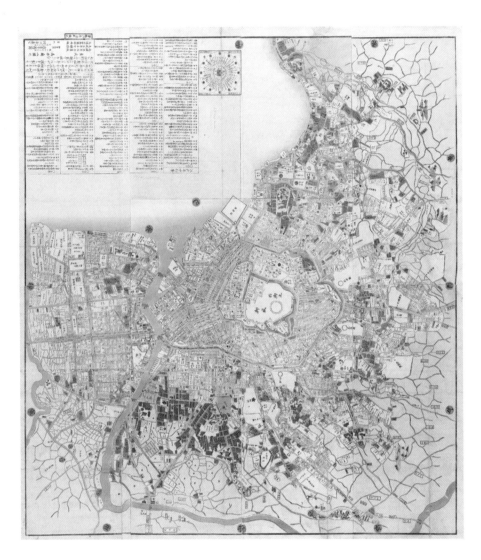

图2：《江户地图》，高井兰山1849年绘制（1861年修订），117厘米×131厘米。当时制作最完整的江户印刷地图之一。这类作品当年随处可见，但由于要对城堡以及其他权力场所进行保密管理，故在图中对这些区域作留白处理。此处将地图的方向进行了旋转，角度与图1大致相同，上方为西南

12

图3：《洛中洛外图》，佚名作，1660年。六曲一双屏风，纸本金底彩绘，尺寸均为227厘米×152厘米。此类描绘京都壮丽风光的成对屏风在16世纪风靡一时，至江户时代依然盛行。上图中，位于右侧的高大建筑是大佛殿，左侧与之对称的是幕府城堡二条城。上图为右围，下图为左围

13

14

好（见图2）。这些描绘城市风光的资料可能对我们非常有用。另外，相关文字记录亦有流传，这些文本是本书写作过程中主要的参考资源。例如日记和随笔，还有被称为"川柳"的俳谐诗，后者常以诙谐幽默或讽刺的方式调侃市民生活。图片可能更有价值，但是必须审慎地看待，因为它们属于艺术构建，而不是对城市的真实描绘。

在日本，贯穿整个16世纪的漫长内战时期，艺术家们发展出一种全景演绎的形式，再现京都这座屡次被烧毁的兵家必争之地。为最大程度展现城市英姿，京都全景被绘制在大幅折叠式屏风上。屏风通常是成对制作，左右两围各有六扇，每扇的尺寸大约有一人大小。屏风画面气势磅礴，由于在绘画之前经常贴上金箔，所以显得金碧辉煌。据记载，第一件描绘都城的屏风出现在1506年，当时一个朝臣兴奋地记录下了这一消息[1]。现存最早的实物屏风可追溯到的时间则稍晚于此（见图3）。从1630年左右，也就是德川统治的第三代开始，描绘江户的类似屏风开始问世。其中有两件屏风对我们重新了解江户特别有帮助。它们都以目前所保存的地方而闻名，一件收藏在出光美术馆，另一件收藏在日本国立历史民俗博物馆，也即众所周知的历博（见图4和图5）。出光美术馆收藏的屏风特别长，高度也出奇地低，比常见的屏风都要低矮许多。屏风底部描绘的是流经江户的大河——隅田川。全景图从右至左展开（这是欣赏东亚艺术的正确打开方式），右上角是位于江户东北部的浅草寺，左下角是南部的江户湾。这样的布局意味着江户城恰如其分地坐落在画面的正中间，正如其作为江户的统治中心一样。作为权威的标志，城堡绘制在左围屏风的首位，而非右围屏风的末位。出光美术馆屏风所要展现的真正主题是和平、富足，以及全体百姓在幕府政权的庇护下安居乐业、各享其乐。定制屏风的人一定享有很高的地位，因为幕府重地非普通人可描绘，也非普通人所能收藏。

15

出光美术馆收藏屏风的制作年代，迄今尚无定论。有人认为最早在1630年左右，即在德川幕府建立之后不久，这一时期的江户社会安定，城市规模和繁华程度开始能与京都一争高下。藏于历博的屏风，其制作年代同样存在争议，但普遍认为制作年代更晚。这一点显而易见，因为画面中出现了死于1651年的第三代幕府将军德川家光的形象。当然，这件屏风也是为地位极高的人制作的，否则绝对不会出现幕府将军的形象。大多数学

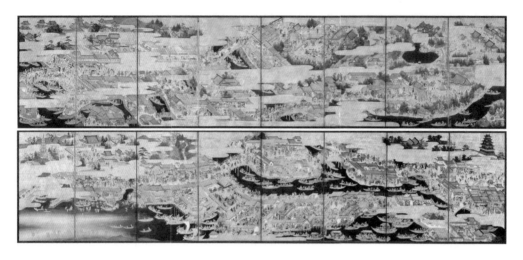

者认为，这件屏风是在德川家光去世后制作的，用以追忆这位幕府将军。1657年，一场可怕的大火烧毁了江户大部分地区，这可能是这座火灾频发城市在历史上最具破坏性的一次大火。这件屏风很可能是在那之后制作的，用来纪念这位强权统治者治下的江户过往。德川家光的儿子们继承了他的头衔，并把幕府统治一直延续到下个世纪，但历史上对他们的总体评价并不高。历博的屏风则沿袭了出光美术馆藏品的全景布局，从浅草到海湾，但尺寸更大更高，画面更雅致，总体上更技高一筹。此外，该屏风使用的绘画视角更高，给人以向下俯瞰的感觉。同时，屏风也用了更多的画面空间来展现城堡英姿。虽然德川家光现身于画中，但总是遮遮掩掩的，表现为或戴着帽子、或打着伞盖等诸如此类的样子。

图4：《江户风光》，佚名作，17世纪初。八曲一双折叠式屏风，纸本金底设色，尺寸均为107.5厘米×49厘米。描绘江户风光的屏风制作得很少，因为不宜如此公开地展示幕府所在地。这组屏风可能是现存最早的江户屏风，它比大多数屏风都长，也更低矮，画面布局仿效描绘京都风景的屏风，寺庙绘于右侧，城堡绘于左侧

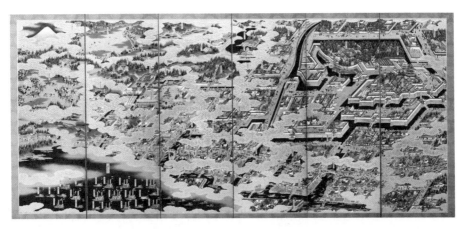

图5：《江户图》，佚名作，17世纪。六曲一双折叠屏风，纸本金底彩绘。尺寸各为366厘米×162.5厘米。这组华丽的屏风当为一位地位非常显赫的高官专门定制。画中有几处描绘了幕府将军德川家光，但是每一处都遮挡了他的脸部。该屏风可能是德川家光死后所制，以纪念1657年在大火中焚毁的江户。上图为右围，下图为左围

一个世纪之后，也就是18世纪60年代，出现了另一种视觉史料，来自权力天平的另一端：那就是为普通消费者生产的廉价风俗版画。在此之前，江户的版画文化很繁荣，著名的题材是歌舞伎演员和性工作者，她们是表现"浮世"花街柳巷享乐环境的两大支柱。但在18世纪60年代，突然出现了一种表现普通城市风景的版

画。这些版画便于携带，目标客户很可能是外来务工人员或游客，他们可以拿给无法亲眼参观幕府所在地的同乡人欣赏。另一些受众可能是江户的本地居民，他们由于身份或性别的原因出行受到限制，无法在街上自由行走，这些版画的出现，正好弥补了他们出行受限的遗憾。这些版画确实能给人带来一种新鲜感，证明江户在全世界占有一席之地。在这些画中，江户的对照物不再是京都，而是更远的地方。有趣的是，这些城市风景画的出现与欧洲城市风景画的兴起时间恰好相吻合。欧洲城市风景画起源于欧洲富家子弟的游学旅行，并逐渐盛行于欧洲各国。富人购买当场完成的罗马或巴黎风景画，而不太富裕的人或无法出门的人则靠欣赏版画游历欧洲，这些画大多出自奥格斯堡、伦敦和巴黎。欧洲人可能把这些作品带到了日本。17世纪40年代，幕府与激进的基督教传教士之间出现矛盾，伊比利亚人最终被驱逐出日本。此后，唯一与日本进行贸易的欧洲人是荷兰东印度公司，他们的相关记录也将有助于我们了解江户。欧洲的版画在本国很便宜，用来当作礼品非常合适，于是东印度公司带来了很多这类东西。这些画也可能是由中国船只经由第三方港口运抵日本的。

有一幅版画的流传经历值得在此详细介绍一下。虽然它的艺术水平远不及出光美术馆或历博收藏的屏风，但很能说明问题。画中所描绘的是游客最多的欧洲城市威尼斯，是乔瓦尼·安东尼奥·卡纳尔（Giovanni Antonio Canal），即卡纳莱托（Canaletto）的作品。1735年，英国领事将他的部分作品以黑白图集的形式印刷出版。由于这套图集的价格只是卡纳莱托单张作品售价的零头，因此传播范围很广。但在当时，它们的价格仍然很贵，于是在大概18世纪60年代的德国出现了盗版画，不仅手工添加了颜色，售价也要低得多。其中至少有一幅画又被人带到了江户。很显然，这套再版图集中的某张卡纳莱托画作是江户艺

术家歌川丰春仿制的。歌川派是公认的最著名的"浮世绘"画派，但歌
川丰春通过借用一些外来特色开拓了画风。欧洲的版画是铜版蚀刻，而
日本采用的是木刻印版技术，可以进行彩色印刷。歌川丰春的版画可能
制作于1770年左右——也就是说，它完成于日本城市风光画出现的初期
（见图6和图7）。自此，脱离戏院和妓院主题的江户风景画开始进入大
众视野。

图6：《从圣十字教堂望向赤足的圣父的风景（拿撒勒圣玛利亚堂）》，安东尼奥·维
森蒂尼（Antonio Visentini）作，仿自安东尼奥·卡纳尔，即卡纳莱托，1735年，铜版蚀
刻。这幅作品没有标题，只标有阿拉伯数字（编号2）。它肯定与1735年英国驻威尼斯
领事约瑟夫·史密斯出版的那套著名的图集有关。那套图集由12幅画组成，名为《威尼
斯运河的壮丽景色》，且每一幅都标有罗马数字。这12幅图都出自卡纳莱托的手笔。后
来出现了许多史密斯版图集的盗版复件，有些是手工上色的，歌川丰春肯定见过其中的
某一幅

图7：《荷兰法兰克港敲响万里起航之钟》，歌川丰春作，1770年，套色木刻版画。由于歌川丰春不能确定图中建筑物的地点，所以他自造了一个华丽的标题，还在前面加上了"浮绘"一词，即透视图。原作的左边部分被裁切掉了

* * *

起初，江户只是一个小村庄，后来演变为一个城下町，再之后逐渐壮大繁荣，但从来都没有做过首都。本书的第一章将探讨江户独特城市概念的形成过程。我们将通过其城市布局来了解这一点。在一定程度上，江户的发展遵循了某些大城市的先例，但也规避了某些方面，尤其显著的一点是它拒绝采用四四方方的棋盘格布局。如今的东京经常被诟病城市建设毫无规划，并将其归咎于江户发展初期的漫不经心。这种观点其实是不对的。本书第一章主要对江户看似四仰八叉、杂乱无序布局背后的模型和反模型进行研究与调查。

与日本或东北亚其他地方的早期城市相比，江户在布局中最大的一个

不同点就是，拥有一座大桥。这是第二章的主题。这座桥不仅格外宏伟壮观，而且被确定为城市中心。在此之前，日本没有哪一个城市有市中心。而树立一个纪念碑式的焦点来代表一个政权对子民的统治，此前的日本也没有这样的概念。这座中央大桥建于1603年，也就是德川幕府建立的那年，虽然缺乏文献记载，但它肯定是作为德川家族统治的象征而建造的。欧洲城市理所当然地有市中心，这个传统起源于罗马广场。从这个意义上说，江户首开日本城市之先河。

第三章将从具体的城市转向抽象的事物，重点探讨魔力的护佑。随着城市的发展，江户虽然不再作为一个要塞而存在，但是它与京都相比还是略逊一筹。在其蜕变过程中，有一个因素极大地影响了城市各要素的布局，那就是"大地的魔力"——堪舆术，即汉语中的"风水"，日语称其为"fūsui"。在江户看风水的阴阳师称他们的法术为"onmyō-dō"，即"阴阳道"[2]。风水的字面意思为"风和水"，它指的是人类极其需要但又无法驯服的两大力量。风和水必须通过神秘的推算并加以诱导，才能变得对人有利。阴阳道也是这个意思，不过是一种更概念化的说法。阴指一切雌性的因素，而阳则代表雄性。阴阳包含了所有的二元性和矛盾性，比如潮湿与干燥、黑暗与明亮、凹与凸等。阴阳涉及一切力量，无论是看得见的还是看不见的。阴阳道是一门平衡矛盾与对立的学问，矛盾生万物，保持均衡则受益良多，处置不当则乱象丛生。江户城的建造，其根本依据就是阴阳风水学。

获取魔力护佑还有第二种途径，即神的庇佑，或者更确切地说，是佛教的庇佑，这也是第三章要探讨的主题。江户原本有一座古老的寺庙，但很快又增建了更多。幕府还下令从全国各地借鉴多处圣地，主要是参考了京都，在江户进行仿造、重现。于是，佛教历史映射到了江户的近代史中，与其产生了紧密联系。由此，江户被推上神坛，成为日本宗教信仰历史的守护者和继承人。

第四章将讲述江户独一无二、最宏伟、最令人瞩目的建筑——江户城。当年的普通人无法进入其中，如今它也已消失无踪（除了前面提到的主堡基础），但它曾经确是一个宏大的建筑群，有城楼、城墙，还有住宅和接见大殿，建筑绵延铺陈，形成错落有致的天际线。德川氏的政令就发自这里。江户城的形状和内部布局在一定程度上都可以进行重现，包括其中一间又一间装饰华丽的房间。我们将对江户城的特点进行解读，由内到外，以便深入理解它想要传达的信息。要做到这一点，对比一下位于京都的同类建筑二条城或许会有帮助，二条城有一部分有幸保存了下来。同样能帮助我们理解江户城的，还有19世纪初为再现江户城壁画而创作的一批筹备画，以及同一批艺术家创作的其他一些没有直接画在墙上的绘画作品，这些绘画得到了保存。

20　　　　日本的城市若想变得高贵脱俗，还需要另外一种元素。这是一种极其难以捉摸的文化内在，也是第五章的主题。内裹的一个主要职责是传承古代文学经典，尤其是一种叫作"和歌"的宫廷诗。和歌经过精心编选和研究，在宫廷圈子中传播推广，备受推崇。和歌的一个主要特点就是以真实的地点为背景进行创作。由于朝臣很少冒险行走远处，因此大多数激发文学创作灵感的地点都不可避免地选在京都附近。很少有作家去过江户所在的东部荒原。因此，从文化史上来讲，江户给人一种单薄而贫瘠的感觉。然而，有一篇古代文本是个例外。这是一部采用虚构叙事手法的和歌集，创作于公元900年之前，作者不详，但诗中确实提到了一位远行至江户的朝臣。这部名为《伊势物语》的和歌故事集记叙了一个无名主人公，因为厌倦了宫廷生活，和几个同伴一起流浪。他们从京都出发，一路跋山涉水，经过现今我们也熟悉的地方：先是经过富士山，然后来到一条大河，文中写明这条河就是隅田川。当时这里还是一片不毛之地，但在700年后，这里变成了德川幕府城，成了日本的权力中心。纵观古典文学经典，《伊势物语》不仅是唯一一部提到江户地区的作品，还是一部影响力巨大的作品。长期以来，《伊势物语》因其创作年代久远和引人入胜的诗句而备受赞誉。其中的一些诗歌也被收录在其他作品集中，这些诗歌据称为歌人在原业平创作。在原业平于880年去世，但是目前尚不清楚《伊势物语》讲述的到底是不是某个人的真实旅程——这一点在当时并不像今天这样引起较多关注。以往许多经典著作都比较晦涩难懂，除了学者之外，普通人难以理解；《伊势物语》却不同，相当通俗易懂。书里的故事各成一体，互不相干。书中有一段是说主人公（也许就是在原业平）在行路的过程中创作了一首《东下》。对于江户人来说，这篇故事对他们的城市和幕府统治做出了惊人预言，证实了江户地区的悠久历史。更重要的是，主人公因厌倦京都的舒适享受而选择东行，在江户的所见所闻深深地打动了他。于是，"东下"便成为江户时代文学和绘画艺术中的一个重要主题。

在第六章，我们将去见识一些不一样的事情。相较于江户所有的正统特质，江户也有它的"浮世"，或称娱乐区。今天，与"将军"一词同样知名的就是"艺伎"。许多日本城市都设有所谓的"游郭"，这是一个官方许可的供饮酒、娱乐和狎妓的场所。江户逐渐发展出行业首屈一指的游郭，并以其所在地吉原闻名于世。这个地名原本的意思是"芦苇之原"，但很快就被改为更悦耳动听的同音异义词"吉原"。我们很快就会发现，在日语中频繁使用的双关语，根本就不是（约翰逊博士说的）什么"最低级的智慧"。早在欧洲的城市风景画开始流行之前，浮世绘创作就已经引起了全世界的关注。浮世绘作品题材丰富，既有表现江户餐馆的，也有描绘女子闺房的。红灯区作为性剥削场所有很多值得谴责的地方，吉原尤甚，但是它们同时也催发了令人赞叹的多层次文化表达。因此，第六章将着力讲述吉原，特别是它在江户世俗文化中的位置。吉原被建于江户城外，是为了维护幕府城市的法纪和尊严，或者更确切地说，是为了避开一切"正统"。我们将在这一章讨论从江户到吉原的旅行经历，看看"正统"是如何让步于"浮世"的。

最后，我们将在后记中看到江户在1868年变身为东京。随着幕府倒台，江山易手，江户城变成了首都。为了满足新政府的需要，武士的宅邸被没收改造，为新政府所用。城内修建起了旅馆、法院和火车站；木质建筑用砖瓦进行了加固；江户人赖以乘坐的轿子和渡船等城市交通工具让位于人力车和马车。当幕府之城转变为日本的现代首都时，江户便渐渐成为传说。

* * *

江户这个名字的知名度可能不及京都或东京，因为今天的日本文化是由后两个城市所定义的。但实际上，我们在"日本文化"这个标签下所能想到的大部分内容都是江户文化，而不是整个日本列岛的文化。富士山是江户的象征，只是到了后来才成为日本的象征；同时，也只有江户人才吃寿司；套色木刻版画几乎是江户的独家制作；樱花也是江户独享的美丽标志；追求整洁漂亮也是彻头彻尾的江户特征之一。在现代之前，日本其他地方无一如此。

大约在1800年，幕府的首席老中①松平定信在回顾他所在城市200多年的历史时，就提到了这一点。松平定信在他的摘抄本里抄录了一些他所见闻的与江户有关的特殊文化现象及其原因：

————————

① 即江户幕府最高官职。——编者注

有人说，如果江户没有频繁的火灾，那么人们会更花哨奢侈。京都人或大阪人做事讲究华贵优雅：家家悬挂绘画，户户摆放插花。但在江户，即使是在富裕的地区，一切也都是从简的。人们只在竹筒或朴素的花盆里插上一枝花。富人家有精美的棋具，但棋盒盖子里面会固定一张纸（绘有棋盘格），可以兼作棋盘。江户的简洁意识源于持续不断的火灾。[3]

为了避免让读者认为本书对江户的理解主要来自精英阶层，我们对江户的普通人也给予了应有的重视。普通居民是如何看待自己的，可以在自下而上的发声中看到。在松平定信编写摘抄本的同一时间，市民作家式亭三马也写了一部滑稽小说，由浮世绘艺术家歌川丰国为其绘制插图（见图8）。滑稽本的首页描绘了一个江户人的诞生，或者如他们自称的那样，一个"江户子"的诞生。一个男孩降生在一个充满爱心、谦逊朴素的家庭。当家人给新生儿洗浴的时候，他突然跳起来挠了挠腋窝，似乎准备好了迎接未来的战斗，抑或是准备出拳迎接他人生的第一场拳赛。江户人把自己看作是"未经打磨的钻石"，"比较硬朗"，这与京都居民的弱不禁风形成了鲜明对比。同大阪一样，江户也是商业城市，但江户的市民和幕府将军的随从们住得很近，武士精神感染了下层的人。现代日本人礼貌勤奋又充满强烈的自豪感，其中也许就有江户遗风。对出身低微的江户居民来说，他们的城市里有三样东西最多，即稻荷神社[①]、吵架和狗屎。首先，江户的街坊四邻都受到狐狸这种卑微神灵的庇护。尽管身份低微，狐狸却来去无踪并常以智斗威猛的大型动物而闻名。其次，纠纷是不可避免的，尤其是生活在一个拥挤不堪而又平淡无趣的大城市里。实际上，尽管在现代日语中"kenka"一词的意思是"争执"，但是在江户时代，它指的是一种

①　稻荷神是日本神话中的谷物和食物神，主管丰收。日本将狐狸视为稻荷神的使者。——译者注

图8：式亭三马所著单色印刷本《人间一心觑替操》的插图，歌川丰国作，江户，1794年。这是一本通俗印刷故事书，这一页描绘了一个结实、健壮的江户平民的诞生，他看上去跃跃欲试，仿佛想要跟人打上一架。窗外是幕府城（被得体地遮挡住）

可管控的纠纷，并不会随便诉诸暴力，当时的人们只要发生"争执"就可以选择报官。最后，犬类的排泄物可能令人不快。但它也表明江户人善待并喂养流浪狗，而不是虐杀它们。总体来说，江户人很谦虚，善良坦诚而又大智若愚。歌川丰国的画中所描绘的就是这样的江户人，画中窗外浮现的是江户城堡的尖顶，顶上的鱼形兽"金鯱"①是祈愿城堡免遭火灾之虞的特色标识。

---

① 鯱（hǔ），日本汉字，指的是一种日本海兽，在日语中也会用来称呼逆戟鲸。它作为保护神，常被置于屋脊两端，传说有防火之效。——编者注

第一章

理想之城

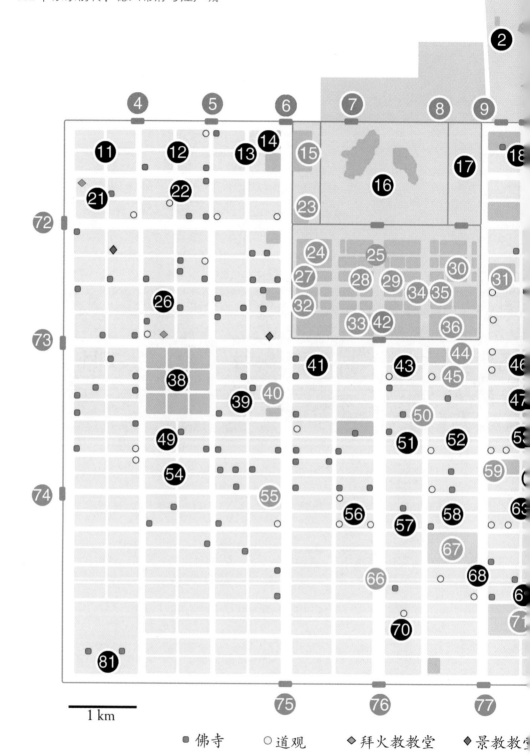

■ 佛寺　　○ 道观　　◆ 拜火教教堂　　◆ 景教教堂

1 km

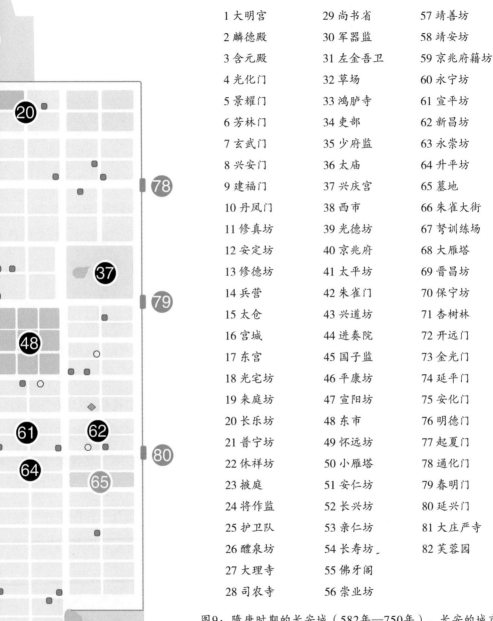

1 大明宫	29 尚书省	57 靖善坊
2 麟德殿	30 军器监	58 靖安坊
3 含元殿	31 左金吾卫	59 京兆府籍坊
4 光化门	32 草场	60 永宁坊
5 景耀门	33 鸿胪寺	61 宣平坊
6 芳林门	34 吏部	62 新昌坊
7 玄武门	35 少府监	63 永崇坊
8 兴安门	36 太庙	64 升平坊
9 建福门	37 兴庆宫	65 墓地
10 丹凤门	38 西市	66 朱雀大街
11 修真坊	39 光德坊	67 弩训练场
12 安定坊	40 京兆府	68 大雁塔
13 修德坊	41 太平坊	69 晋昌坊
14 兵营	42 朱雀门	70 保宁坊
15 太仓	43 兴道坊	71 杏树林
16 宫城	44 进奏院	72 开远门
17 东宫	45 国子监	73 金光门
18 光宅坊	46 平康坊	74 延平门
19 来庭坊	47 宣阳坊	75 安化门
20 长乐坊	48 东市	76 明德门
21 普宁坊	49 怀远坊	77 起夏门
22 休祥坊	50 小雁塔	78 通化门
23 掖庭	51 安仁坊	79 春明门
24 将作监	52 长兴坊	80 延兴门
25 护卫队	53 亲仁坊	81 大庄严寺
26 醴泉坊	54 长寿坊	82 芙蓉园
27 大理寺	55 佛牙阁	
28 司农寺	56 崇业坊	

图9：隋唐时期的长安城（582年—750年）。长安的城市布局是后世许多首都的样板，皇宫坐落于城北，寺庙建在城东北，南大门是主城门。整座城市呈四四方方的棋盘格局。各机构两两相对，整齐地排布在中轴线两侧

25　　自古以来，日本便是广义上的中华文化的一部分，或者说，是泛中华文化世界的一部分。中华文化，在英语中也被称为"汉字文化圈"（Sinosphere），是一个多民族和社会群体的集合。在这个圈子里，人们都通过书写汉字、阅读汉语书籍来理解人类生活和宇宙万象。"中国"一词的字面意思是中央之国，它的第一次大规模统一是在公元前的汉朝。汉朝的首都是长安，位于今天的西安附近。以长安为起点的丝绸之路，一直通向黎巴嫩，然后再从那里通往罗马。公元25年，汉朝迁都洛阳。洛阳位于今天的西安以东375公里，被视为中原的中心。公元166年，罗马皇帝马可·奥勒留曾派遣使团来到这里。当时的罗马皇帝被称为"安敦"，因为他全名中的第三个名字是安东尼乌斯（Antonius）[1]。那时，长安的地位与洛阳不相上下，各个朝代轮番在两地建都。公元493年，北魏崛起，迁都洛阳；公元557年，北魏分裂，西魏又将长安定为首都。

　　虽然迁都不断，但是一个清晰的概念在汉字文化圈中传播开来，即应
26 该要有一座超凡卓越的城市作为首都。经过多年的探索与发展，长安和洛阳成了永恒的城市模板（见图9）。

　　成为一座像样的城市，首要的条件是必须遵循棋盘格设计。通常，城镇和村庄会根据地势变化随意建造，看起来杂乱无章、毫无规划。但是，一个代表权力和威望的城市，比如首都，应该以直线和对称的形式来展示秩序和平衡。因此，在这样的城市里，街道基本呈南北和东西向纵横排列。在英国

人的习惯里，通常会把南北走向的道路叫作"大街"，东西走向的叫作"大道"（纽约则正相反）。在棋盘格规划中，统治者的宫殿通常坐落在城北，面积有好几个街区大小。东西向的大道以自北向南的顺序依次编号，从第一大道到第十大道依次排开，而大街一般都有具体的名字。一条宽阔的大街从宫殿一直延伸到南门，南门是城市唯一的正式出入口。

第一座完全遵循这一模式建造起来的日本城市，是于公元711年建成的日本第二首都平城京，当时中国正处于盛唐时期。如今这座城市的绝大部分埋在奈良市的地下，考古工作的开展使它的部分原貌得以重现。当初日本建造这座城市是为了宣布一个更统一的新政体的成立，该政体首次宣称自己属于汉字文化圈。代表"首都"含义的国际词，即汉语的"京"，以词缀的形式附加在城市名字的后面，在日语中读为"kyō"（因此才有京都、东京的称呼）。

当时一个名叫奈良的村庄被圈出了一块空地，经过彻底的改造和重建，这个从前的小村庄变成了日本第一个国际化标准的大都市。它被赋予了一个吉祥的新名字——平城，字面意思是"和平之墙"，全称为平城京[2]。与中国的城市不同，日本的城市没有实际的城墙。这是因为日本本土缺乏坚固的石头（日本的岩石多为疏松的火山岩），而且地震时城墙可能会倒塌，建造城墙整体弊大于利。但平城京即将成为一个和平的围城，它寓意着在问题繁多、列强争霸的形势下，秩序已经建立起来。

但是，仅过了几代人的时间，平城京便遭遗弃。这背后可能有多种原因[3]，其中之一便是京城里的寺庙开始参与权力斗争。后来，一个名叫长冈的地方又被规划出了一个新的棋盘格大都市。然而，还没等长冈京完全建成并且拥有一个新名字，它就被废弃了，首都再易其地。这一次的问题可能是由于当地洪水泛滥。第三座棋盘格城市建成于公元794年，在随后的一千多年里，直到现代，它始终维持着首都的地位（见图10）。日本的第

27

三个首都被赋予了一个寓意极佳的名字：平安京。这个名字甚至比平城京更令人回味，因为它结合了前首都名字中的"平"以及气势恢宏的唐朝首都长安城名字中的"安"，两者加起来的意思就是"平安"。在英语中，平安京通常被译作"和平与安宁之都"。

28　　在此后的很长时间里，平安京都承担着日本首都的功能，以至于人们直接称其为"京"。由于这个名字过于简短，所以后来又加了个"都"字，称为"京都"。这其实也是沿袭中华文化的惯例，当人们提及首都时，往往不再使用它的正式名称，而更喜欢用"京"或"京都"这样的通用名。日语中还有一个本土化的词语指代首都，即"都"，平安京很可能也用过这个称呼。除平安京外，日本历史上的大多数时期，权力中心多被称作"京""京都"或者"都"，但没有一个是专指某地的。

图10：平安京，《北望鸟瞰图》，794年，猪狩赖子插图作品，出自马修·斯塔夫罗斯（Matthew Stavros）所著《京都：日本近代首都城市史》（火奴鲁鲁，2014年）。平安京仿效长安的城市规划，街道呈棋盘格布局，但仍保留了大部分农田。寺庙被建在城外较远的地方，以削减神职人员的权力

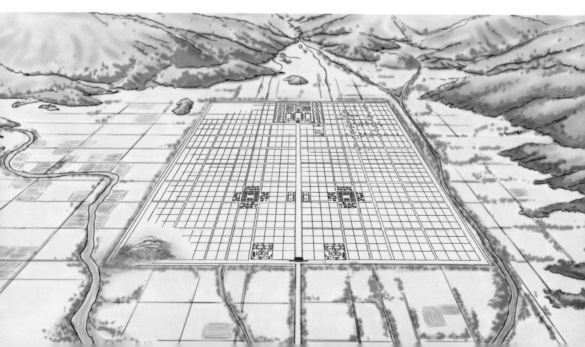

* * *

在棋盘式城市格局中，宫城一般坐落在城北，因为人们认为统治者应该面朝南方，要让阳光能照耀到他的脸上。宫城是权力中心，用人体打比方的话，相当于人的头部。如此一来，宫门就像是颁布政令的嘴巴，这里会修上一座精美的朱雀门，"朱雀"是南方的守护者。南北大街，即朱雀大街，是城市的脊梁，如果把城市的北部看作头，那么南部就是它的尾。都城的出口建有一座巨大的城门，与朱雀门遥相呼应，可以将其类比为肛门。这就是罗城门，黑泽明于1950年拍摄的著名电影《罗生门》，是"罗城门"发音的一种变体。今天，我们有幸可以目睹在原址附近重建的平城京（指奈良，而非京都）朱雀门（见图11）。

许多大城市的规划都力行中线对称这一标准，首都更应如此。对都城来说，朱雀大街就是这条中线，两边的建筑或机构都是对称的。如果左边有一个衙署，那么右边也会有一个；如果有个东市，那么对称的地方会有一个西市；如果东边有一座寺庙，那么西边自然也会有一座。诚然，这只是理论上的设想，因为地理位置会发生偏移，完全横向对称只是一种愿望。朱雀大街东侧的这部分叫左京，西侧叫右京。今天的京都依然延续这种称呼，只不过令游客不解的是，左京其实位于右边，而右京位于左边，而这样的命名是以宫殿的视角来决定的。

29

但人体并不是完全对称的，因为最重要的器官——心脏只有一个。心脏长在左侧，因此在首都崇尚以左为尊。比如，地处左京的所有事物，级别都高于右京的对应物；又如三大政务官员的排位，首先是左大臣，其次是右大臣，再次是内大臣。

这样一个理想、对称又有形的体系，与另一种体系相组合，被赋予了更高、更抽象的意义，那就是堪舆术。由于东北亚与欧洲文化上的不同，

堪舆术一直没有得到恰当的翻译，所以英语现在也使用中文"风水"一词来表达这一概念。风和水，被视为两种伟大、富有创造力但兼具潜在破坏性的自然力量。堪舆术就是顺应并驯服这些强大力量的技巧。时至今日，东北亚各地的建筑师和工程师在工作中仍会考虑许多风水因素。"风水"一词在日语中的发音为"fūsui"，但这个词并不经常使用。相反，日本人更常说"onmyō-dō"，即"阴阳之道"或"阴阳道"。阴阳不是指某种实际的力量，而是指事物一般的属性。阴属雌性，包括潮湿、黑暗和衰弱等特性；阳属雄性，与阴相反，意味着干燥、明亮和突出。阴阳平衡才能保持和谐。调和阴阳是风水师或阴阳师的本领，他们要做的就是将既定的规则应用于特定的案例。

图11：据史料推测后重建的朱雀门，1998年。朱雀门在宫城的南部，与都城南部的罗城门遥相呼应

30

　　阴阳师用颜色来指代方位，每个方向都由某种颜色所代表的力量来护卫。因此，南方与"朱雀"相联系，北方的守护者是"玄武"（黑色的乌龟），东方是"青龙"，西方是"白虎"。中心以固定的黄色表示，没有特别的守护神。

　　不同颜色具有各自的逻辑。比如，红色代表南方明亮的太阳，黑色代表北方的黑暗，蓝色代表黎明，白色代表黄昏的雾霭，黄色代表头顶上的太阳。至于动物的形态也有一套理论。比如，南方的太阳如飞雀般迅捷，北方的寒冷像龟一样慢慢悠悠。龙和虎都是万物之精华，但龙是五行（土、气、火、风、水）之王，排在虎之前，而虎则囿于地上。

　　风水里有一个压倒一切的重要概念，那就是所谓的"气"。气是一种无形的力量，游走在宇宙之中。它是不断运动的，从东北向西南流动。因此，东北方向被阴阳师称为"气门"。"气门"在日语中经常写为另一个同音异形词："鬼门"——从"气"到"鬼"的变化没有人能明确地解释清楚，但是气反复无常，与鬼怪联系起来似乎也合乎逻辑。然而，就其本质而言，气既算不上纯净也不能算不洁。由于气从其经过的物体中获得聚合而来的能量，所以风水中至关重要的一个条件就是保证东北方的纯净，这样才能保证从那里吹来的气是澄明的。在一座城市里，"气门"既要有人类守卫，也需有魔力守护。江户在这方面的具体情况，我们将在第三章中详细讨论。本章我们只需要考虑一个理想的城市是如何建成的。与长安一样，平城京（奈良）以及平安京（京都）都建有一座完整的"外京"，它就像是城市棋盘格上的一个赘生物，为城市配备必要的措施以净化"气"。在这个东北向的高地上建有一座寺庙。它既是具有宗教意味的障碍，也是地理意义上的屏障。庙里供奉有重要的神祇，由僧侣们负责侍奉。

　　纯净的气进入城市之后，会继续前进，因此有必要建立另一种机制，让它能顺利地穿过城市然后顺利离开。气如果在穿行中受到阻挡，就会变

31

得浑浊。因此，风水的另一个要求是确保气在城市内平稳通行。在一个没有对角线的网格状城市里，做到这一点并不简单。要解决这一问题，不能依靠道路而要依靠河流。因此，在城市布局中会留出空间便于开挖水道，使河水能从东北流向西南。有时，河流可能真的会斜穿整个城市，将"棋盘格"一分为二。但更常见的情况是，河流从城外沿着城东边缘自北流向南，然后转个弯，沿着城南边缘继续向西流淌。平城京属于前者，平安京则是后者的典型。时至今日，鸭川仍在京都奔流不息，它的河道笔直，显然经过人工开凿。但由于城市扩张，现在的鸭川流域几乎算是京都的中心城区。

虽然长安的名字被平安京引用，但实际上洛阳的化用现象更为普遍。洛阳因建于洛河的阳面而得名。洛阳从古至今一直位于洛河与黄河的交汇处；黄河因其浑浊的河水而得名，但是对于中国人来说，它是一条母亲河，也是中华民族的象征。据传公元前1036年，被后世奉为仁德与良治典范的周公建立了洛阳城。由于历史久远，洛阳城中体现成熟风水学思想的元素不如长安城多。但洛阳带来的根本影响如此之大，以至于它的名字也被用来指代平安京。除了正式名称以及京、京都和都这些称呼外，平安京有时也被称为洛阳。这些名称只是在诗意表达上有细微差别，但并没有政治性的差异。第一个字，"洛"或"raku"，也可以用在其他涉及首都的词组中。例如，游人说他们"上洛"，表示他们进京了。即使在今天，这个词也同样可以用来表示去京都旅行，尽管听上去有些时代感。首都及其周边地区可称为"洛中洛外"。在日语里，"raku"这个字的应用范围相当广泛，可以用于称呼任何国家的首都，甚至是汉字文化圈之外的国家。比如，平常也可以用"上洛"表示去葡萄牙首都里斯本或印度首都德里。其实，称呼外国首都可以在其名字的后面加上后缀"-raku"。当然了，现在用这种说法也挺生硬的。

对不是首都但又足够繁华的城市，可能会用洛阳中的第二个字"阳"

来称呼，日语中读作"yō"。长崎是日本最繁华的大城市之一，同时也是最好的港口，所以人们照惯例在它的缩写名字后面加了"yō"，并且简称为"Kiyō"（"ki"是崎的一种读音）。

*　*　*

前文概述的首都模板，适用于和平有序的繁荣时期，但在战争时期便毫无用处了。这种缺陷在战事频发的日本表现得尤为明显。该模型的普适性使入侵者很容易预测重要建筑的位置，进而能立即找到权力所在地并将其控制。宽阔笔直的街道几乎没有防御力。但最为糟糕的是，敌人只需从北方出击即可攻打皇宫。虽然那里往往会部署驻扎精锐部队（北方卫队通常是精锐部队），但这在危急时刻远远不够。

33

日本第一个完整的首都平城京存在时间不长，也没有遭受过袭击，但平安京（京都）却一再遭到攻打。从12世纪到16世纪，平安京彻底失去控制。整齐规范的城市形态被打破，棋盘格布局彻底消失。恐慌无助的居民把京城分割成小而实用的区域，守卫自己的生命和财产。由于战斗需要设置屏障并阻断街道，所以到最后所有纵横的街道都被切割开，不再有一条贯穿东西或南北的直通道路。此前，平安京的规模大到超出实际人口的需求，而且城里一直都有空置和未完工的地块。到了1400年，优雅的左京和右京已经被更适于削减权力的分区制所取代，内裏居所周围的上京和市中心的下京面积都很小，烧毁的建筑物或是大片的荒地穿插在其中（见图12）。宫殿消失了，黑泽明电影中的罗生门孤独地矗立在荒草丛中，任由野狼或鬼魂出没其间（见图13）。

34

平安京不再被称为平安京，但它仍然是首都——那个被称为"京""京都""都"和"洛"的城市。它看起来更像是一个武士的驻地，当时已有数十个类似的武士要塞遍布整个日本列岛。自1467年起，日本进入了史上最长的内战时期，整整持续了一个世纪。诚然，首都仍然建有寺庙，但这些寺庙都在城外——由于现代京都杂乱无序的扩张，现在已经很难辨认出这一点。事实上，平安京建成时并未给寺庙预留土地，几乎所有的佛教机构都被贬逐到城市的边界之外，以免神职人员的权力削弱首都的统治。而寺庙方面则开始配备新一类的神职人员，即僧兵。

35

这场内战旷日持久，直到江户时期尚未结束。16世纪，武士割据，武士据点及其周边的补给基地被称为城下町。这些城下町是许多日本现代城市的发源地。16世纪80年代，一位名叫丰臣秀吉的杰出武士，历经无数次的战斗脱颖而出，并夺取了首都地区的政权。丰臣秀吉进行了军事和政治改革，并致力于恢复文化霸权。他所推行的最重要也最艰难的改革措施之

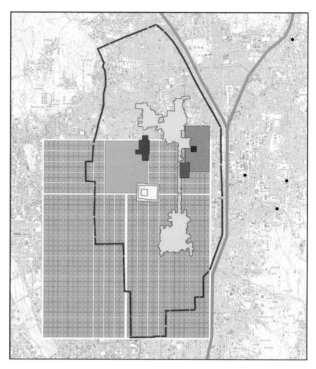

图12：《古往今来的首都》，猪狩赖子插图作品，引自马修·斯塔夫罗斯所著《京都：日本近代首都城市史》（火奴鲁鲁，2014年）。棕色区域：原平安京（建成于公元794年）；黄色区域：16世纪的平安京；蓝色区域：1569年—1573年间的二条城；绿色区域：丰臣秀吉的宫殿；深褐色线条：丰臣秀吉所建城墙；蓝白相间区域：德川时期的二条城。这座城市在中世纪时期面积急剧缩小，但在丰臣秀吉掌权以及德川幕府时期得以重建。后来，德川家族建造的二条城成为首都的行政中心

图13：黑泽明于1950年导演的电影《罗生门》中的一幕。这部电影讲述了中世纪的罗生门，残存的废墟矗立在田野中，成为土匪和鬼魂的居所

一，就是强制恢复首都的棋盘格布局，至少在表面上近似棋盘格。当时没有人认为这个计划切实可行。但是今天的京都所呈现的面貌就是丰臣秀吉重建后的效果，城市街道是按照平安京时代的样子布置的，虽然位置并不准确。内裏及朝廷因理想化首都的回归而欢欣鼓舞，以至于忽略了种种不合古制的情况[4]。丰臣秀吉还重建了宫殿，却不允许它建在原来的位置。由于宫殿旧址的大部分地方都被早期的武士团体占用过，丰臣秀吉把那里保留下来以便建造自己的城堡。这些军事城堡经过迁移，已经远离了原来的区域，但最终又经过加固建成了德川幕府的二条城，像它的前身一样，德川的二条城也因位于第二大道（二条）而得名。丰臣秀吉出身于农民家庭，后来却想方设法进入一个宫廷世家做义子，因此有资格担任国家的最高行政职位：摄政，即关白。这个职位的官方功能是为内裏

出谋划策，时任内裏的为正亲町天皇。

1590年，丰臣秀吉率领他信任的将领向东进军，歼灭了拒绝臣服于他的北条氏。丰臣秀吉手下的一个重要人物就是德川家康。他从小就住在富士山脚下的骏府城（位于现在的静冈），所以对这个地区很熟悉。山那边就是武藏国连绵不断的北条氏领地，他们的主要堡垒在小田原城。1524年，北条氏将江户城纳入治下的领地，但在那个时候，只是为了监视江户的小港口而已，算不上什么大事。仅仅25年后，江户就遭到了袭击，并被毁灭。北条氏不屑于费力进行重建，但是他们仍然控制着这片土地。

丰臣秀吉攻打北条氏后，铲除了这个古老的家族团体。他把北条氏的领地封给了德川家康。随着德川家康进入武藏，江户的故事才真正拉开大幕。丰臣秀吉把德川家康发派到东边，是不想让他碍事，他希望德川家康把精力耗费在东部地区；而他本人则继续控制着首都和大阪周围至关重要的中部地区。德川家康也确实在东边扎下了根，并如丰臣秀吉所料重新扩建了小田原城，但他并没有把基地搬到那里。而德川家康对国际贸易有一定的兴趣，因此在看到江户拥有可能成为港口的前景之后，他出人意料地把江户作为了自己的居所。虽然这里的海湾不深，但这一点反而成了优势，因为大船无法靠近。葡萄牙船只在1540年代开始抵达日本，并将长崎这个天然深海港口作为贸易中心。这些船只无法与江户直接通商，但也威胁不到江户。要进行贸易，必须把货物转运到日本货船上。从16世纪40年代到17世纪40年代这一段所谓的日本基督教世纪的历史，不在本书的讨论范围之内，但葡萄牙商人、传教士和奴隶贩子确实通过向皈依基督的军阀提供枪支，延长了日本内战。在这种情况下，德川家康的东部驻军得到了迅速发展，也让江户成为大名们关注的焦点。

在首都地区，丰臣秀吉积累了各种头衔、逐渐扩大了势力。1573年，他驱逐了盘踞在首都二条城内的足利幕府，让已经没有实权的足利幕府彻底终结。最后一位足利幕府将军出家做了僧人，于1597年去世。作为摄政，丰臣秀吉致力于解决各自为政的领地管辖，为统一四分五裂的日本做出了巨大贡献。他还入侵了朝鲜，遭遇了彻底的失败。丰臣秀吉于1598年去世，享年61岁，继承人是幼子丰臣秀赖。丰臣秀吉生前安排了五大老来辅佐幼子，其中一名成员就是德川家康。斗争又重新开始了（其实从来也没有结束），直到1600年，在位于江户和首都之间的关原地区发生了一场大战。这是人类历史上最具有史诗性的遭遇战之一，大约有10万兵力参与了战斗。德川家康领导了一方联盟，对手是忠于丰臣秀赖的军队，以德川家康的胜利告终。如果不是丰臣秀赖军中的大多数人中途改变了立场，战争可能会持续更长时间。在这场大战之前，德川家康在军事和宗教上都已经做好了准备。开战前，他很虔诚地到位于江户隅田川上游的浅草寺，向观音献祭祈祷。因此，在德川家康看来，他之所以能取得大胜，也许更应该归功于观音，而不是敌军的叛变。浅草寺为此备受尊崇，接受了德川家康丰厚的谢礼。德川家康继续攻城拔寨，驱逐敌人，封赏新老盟友。7岁的丰臣秀赖没有直接参与关原大战，他和辅臣以及守军留在了丰臣家族位于大阪的大本营。德川家康曾经发誓要支持这个孩子，他也信守了诺言。因此，到1600年左右，日本便有了3个权力中心：江户的德川家康、大阪的丰臣秀赖和首都的内裏。

　　德川家康不再只是众多大名中的普通一员。当时的观察者认为，为了让世人明白这一点，他肯定会搬到首都，尽管还不确定他是会选择继丰臣秀吉之后成为下一任摄政，还是会就任已经空置多年的征夷大将军职位。德川家康花了3年时间思考这个问题。这期间的大部分时间他住在伏见城，这是位于首都附近（但不在首都城内）的要塞，而江户仍然是他的大本营。然后，1603年，德川家康下定了决心，请求内裏（正亲町天皇的儿子后阳成天皇）封他为征夷大将军。他保留了江户和伏见城，同时也夺取了二条城，把它迁到首都城内的另一个位置，并将这座关键的城堡纳入治下，但把幕府设在了江户。

38

因忌惮于丰臣秀赖在中部地区的势力，同时又想与内裹保持距离，于是，德川家康回到了江户。他确实也曾担任过好几个宫廷的职位，但他对挂名的礼仪性头衔并不感兴趣。从1603年起，德川家族共有15人担任过幕府大将军。

日本的第三个幕府时代就这样开始了。德川家康很清楚幕府统治的历史。第一个是源氏控制的镰仓幕府，从1192年持续到1333年；第二个幕府，是足利氏掌权的室町幕府，从1338年持续到1573年。有趣的是，德川家康与丰臣秀吉有一个相似之处，丰臣秀吉曾通过精心策划成为宫廷家族的义子以取得担任摄政的资格，德川家康则宣布自己是源氏的后裔。他们都通过对日本武家统治的追根溯源，来证明自身执政的合法性。

源氏家族最终迁移到首都，之后更多是以朝臣而不是武士的身份执政。但源氏家族开创的幕府设在离江户不远的镰仓。因此，人们可以推测，德川家康可能也曾考虑过将幕府设在镰仓。但是镰仓有几个严重的缺陷，排除了它成为幕府驻地的可能性：其一，它不像江户那样有个避风的港湾，很容易遭受风暴和海啸的袭击；其二，它的深水港对欧洲航运门户洞开；此外，虽然镰仓群山环绕，易守难攻，但无论是作为幕府的权力基地，还是将来作为和平时期的繁华城市，其发展潜力都大受限制。

德川家康沿袭了大量的源氏惯例、仪式以及命名系统，但坚持守在江户，镰仓不过是德川统治的一个虚构的发源地。与此同时，京都虽然仍保持着首都的地位，但是面对江户却渐渐处于下风。而大阪，在丰臣秀赖还活着时，一直是一个半独立的政治实体。1615年，德川家康进攻大阪，将其城堡夷为平地，并将该地区并入自己的领地。从此，再也没有人见过丰臣秀赖，他可能已在战斗中丧命。

* * *

　　作为一座城市，京都遵循了，或者说很大程度上遵循了作为"尊崇之地"的空间布局要求，尽量规划成棋盘格的样子。与其形成鲜明对比的是，江户像是一张由护城河织就的网。当初开挖护城河，既有防御的目的，也出于沼泽地排水的需要。然而，1603年之后，江户的身份就不再只是一个武士据点了。虽然出于军事需要不能把江户规划成棋盘格状，但德川家康及其幕僚显然考虑了其他的替代方案来提升它的地位。江户城——注意不是江户市——被赋予了一个吉祥而又相当华丽的名字，千代田城。我们不确定这个名字是什么时候起的，但它的字面意思是"千代相传的稻田中的城堡"。千代田城这个名字表明，江户虽仍是农村地区，但土地富饶，物产丰富，足以支持强大的军队，并将随着时间的推移哺育快速增长的城市人口。这一切说明江户虽然是一个武士之城，但如果说大多数城堡都摆脱不了被争来夺去并最终被摧毁的命运，江户终将会是那个独一无二的、能延续"千代"之久的城堡。

　　江户不是首都，不能称为"京"，但幕府很快就开始使用"都（to）"这个词来称呼这个城市。这种称呼起码是从17世纪末开始的。"都"是京都一词中的第二个字，上文中我们把它翻译成"大都市"，但有点令人困惑的是，"都"其实也可以是"首都"的意思。这层含义在日本不太常用，但韩国的首都城市就是这样命名的（韩语发音为do）。如此一来，"都"这个字使得江户可以含蓄而坚决地指向对身份的要求。这个词一语双关。把江户名字中的do写为to。在日文中，同时表达双重意义的双关语，被认为是一种高级的修辞手法。宫廷诗歌里就有很多双关语的使用现象。另外一个双关就是"e"。表示"东"的同音词有很多，"e"就是其中一个（多数情况下，"东"的读音是higashi或azuma）。因此，江户这个名字就可以从本源意义上的"海湾之门"变为"东部大都市"，甚至可以悄然变成"东部的首都"。

江户原本是个城下町，因此城市建设以城堡为中心向周边展开。建筑物和街道从城堡向外扩展，虽然看上去似乎是随机而为、毫无规划，但实际上绝非如此。一座规范的城市应该基于棋盘格进行建设，其中大多数区域的主要街道必须修得笔直，并且呈直角相交。然而江户城的建设只是在局部符合上述规范，并非全城如此。人们在自己家附近行走时可能会察觉到棋盘格布局，但走出一段距离后，棋盘格可能就消失了。道路会断断续续地与下一个棋盘格交织在一起，就像一床拼布工艺缝制成的被子。因此，缺乏整体连贯性是有意为之——最初的城市规划就是如此。

把城堡建在城市中心，符合军队和民众双方的愿望，因为这意味着居民可以在紧急情况下去那里避难，而且城堡受到攻击的风险将大大降低。然而，以城堡为城市中心也引发了一系列概念性的问题。传统的观念认为，统治者的居所应该坐北朝南。而对于普通人来说，面向南方看着比自己地位高的人会感觉不妥，甚至在心理上有一种冒犯感，即使向南面对自己的居所也会觉得不舒服。城堡位于市中心，意味着有三分之一的城市住起来很别扭，因为向南面对着城堡有失礼仪，更何况城堡里住的是征夷大将军。当战事稳定下来，开始进入到持久的和平阶段时，这样的状态显然是不合适的。

这个难题最后得到了圆满解决：江户的北部地区全部移交给德川家族及其家臣和奴仆。为了提供服务和生活补给，有一部分平民还居住在这里，但数量很少。将如此大的空间分配给极少数人真是一种奢侈，幕府大家庭确实也没必要占据这么广阔的区域。但这样解决了如何处理城堡以北地区这一难题，再说，地位显赫的人总是希望拥有宽敞的宅邸。

当然，江户的人口不止幕府的随从。渔民家庭及其附属社区中的普通老百姓自古以来就生活在海边。在北条氏统治时期，人口开始增加。1590年后，各式各样的人趁着德川武士集团进驻江户而迁移到此地；从1603年开始，更多的人随着幕府机构的蓬勃发展来到这里。然而，从17世纪20年代开始，另一个居民阶层也来了，极大地改变了城市的形态和面貌。在此，我们需要做一个回顾。

1603年，德川家康成为征夷大将军，两年后就退位了。这确保了在时局依然动荡不安时幕府将军的职位得以顺利继承。德川家康带着他的儿子德川秀忠前往首都，让后阳成天皇封德川秀忠为第二代幕府大将军。德川家康引退到他非常熟悉的骏府城，过着名义上的隐居生活。1616年，德川家康在骏府城去世，而去世前的最后一次行动就是攻打大阪城，彻底除掉了丰臣家族。这次行动确保了德川家族的长久统治，却是一种骇人听闻的背叛行为，德川家族在其后很长一段时间内仍对此话题颇为敏感。在整个江户时代，人们都明智地不去谈论此事，也不做任何探究。之后，大阪得以重建，而大阪城也成为德川家的一个据点。东部的德川家族和中部地区的丰臣家族双雄称霸的局面就此结束。尽管如此，德川家族还是觉得不宜驻扎在大阪城，因此他们从来没有在此处居住过，甚至也不像在其他地方那样将其交给亲戚打理。作为替代方案，他们设置了大阪城代这一职位。后阳成天皇继续住在首都，但随着丰臣家族的灭亡，德川家族进一步扩大了控制领域。要记住，幕府将军拥有的日本土地陆地面积从未超过20%。诚然，其中包括了所有的大城市（首都、江户、大阪及其附近的堺港和长崎）。然而，国家大部分地区——约占80%的面积——仍在其他家族的控制之下。这些割据地方的武士领主称为大名，他们的数量波动不定，有三百多个，有些是大领主，有些是小领主；有些是世袭，有些则是新贵；有些控制的土地相当于一个欧洲中等国家的面积，有些则不过一个城镇的大小。这些都是可以世代传承的，大名们希望这种做法能继续下去。关键是要

41

把那些在德川家族崛起时期与他们并肩作战的人，和那些反对过他们的人区分开来。于是，势力薄弱的敌人被罢免，他们的土地分给了忠于德川家族的功臣。其他臣服于德川家族统治的人，作为交换，他们保留原来的身份地位。

1620年，幕府将军德川秀忠决定给所有大名在江户"分封住宅"。这个决定改变了江户的社会结构。分封住宅之举，一来可以使大名协助幕府统治，二来也把大名置于幕府的眼皮底下，或者用他们的话来说，即"置于他的膝下"。此前许多大名已经被赐封过江户官邸，这些住所作为地方会馆，接待过路的官员或艺术家，并在大名到访时为其提供食宿。在这里，大名们互相结为儿女亲家，女眷也被带到江户官邸，并永久定居下来。因此，大名的夫人缺乏对自己领地的亲身体验，一点儿也不了解丈夫管辖的地方。她们既不会说领地的方言，也不懂得领地的风俗习惯。大名的孩子也必然出生在江户，让他们逐渐与家族统治的领地疏远。新一代大名可能只有在自己的父亲去世后，才第一次进入世袭的领土和城堡。因此，秀忠创造了一个有效的"除根"体系，迫使大名逐步离开自己的根据地。由于江户的生活远比地方城堡丰富多彩，而且能让处于体面的社会阶层充分享乐，因此大名的家人对此并不反对。

十几年后的1635年，德川秀忠的儿子，也就是继位成为第三代幕府将军的德川家光正式下令，要求部分大名本人（不仅仅是他们的夫人）也必须在江户居住。彼时的德川家族仍然对那些大名心存疑虑，虽然他们大多数人已经在江户生活了很长时间。从1642年开始，幕府要求所有的大名都必须在江户居住。然而，德川家光也意识到大名不在领地执政，就无法治理好地方，于是制定了所谓的"轮替值守"，规定大名在江户住一年，次年在其所辖的城下町居住。他们的妻子和家人则永久留在江户，既可作为人质，又充当社交名流。大批随行人员开始定期穿行全国，结果促成了高标准道路和旅行基础设施的建设，如驿站、旅馆和马厩等。与大名一起移动的，是由高到低各种级别的顾问、警卫和侍从。一个大名方阵可能需要几个小时才能通过某地。成员们学习了江户的文化规范，在出行任务结束后，又把这些规范带回了内陆腹地[5]。江户本身变成了一个复合体，一个汇集了来自日本各个山区及岛屿民族的多元文化融合体。

43

日本地势狭长，南北方大名的领地相距2000多公里，相当于从瑞典斯德哥尔摩到意大利威尼斯，或者从加拿大温哥华到美国洛杉矶的距离。江户是各方聚会之地，也是思想交流和政治交流的场所。

大名的居所被划定在特定区域。分配土地的依据，是大名的财富和出身血统，但忠诚度也是一个指标。不用说，没有一家能居于城堡的北面。那些势力强大却又无法彻底歼灭的不忠派，被称为"外样大名"，他们的居所被聚集在一起。他们将要蛰伏200余年之久，并最终在19世纪60年代推翻幕府统治。德川家的忠臣被称为"谱代"大名，他们分得了城堡东北面的土地。据说这样分配具有其风水学意义，因为他们占据的地点是魂灵进入江户的"气门"。气经过这些德行高贵的人的宅邸后，就会变得更加纯洁。相比之下，外样大名的家宅分布在西南部：如果气经过此地时被他们的恶毒玷污，也将从江户流出，消散在乡野中，不会产生危害（图14）。

这样，江户的空间秩序就被3个方向的住宅区界定：北方为幕府及其随从，东北为谱代，西南为外样。这3个方向涵盖了风水学的关键要素。其他方向的仪式感就没有那么重要，甚至是空缺的，西北方向就是其中之一。在江户，西北地区是山地，被称为"山手"。这里微风习习，空气清新，有一种乡村的感觉。山手被分配给享有特权的直属家臣——旗本，以及另外一种幕府家臣——御家人。幕府信赖的大名也被允许在此建造宽敞的别宅和庭园。

城堡的南部和东南部是江户的旧渔港，现在配置了石砌的船坞和码头。

这里自然是平民的居住地。幕府将军会向南观察着臣民的动向，他们有可能流动到城市的西南部，但不至于闹出什么乱子。普通市民约占总人口的80%，而划给他们的区域既逼仄拥挤又不得逾越。

44　　必须记住一点，一座城市的理想布局结构，落实到现实中的情况可能不会像理论上的那样精确。但从风水学上来说，江户基本达到了所有的标准。然而，仍有必要为"气"设置一条穿过城市的通道，正如贯穿首都的那条河一样。这意味着，在东北部和西南部之中必须打造一条纽带。江户有一条河，正符合这一条件。这条河被称为隅田川，但江户居民更喜欢称它为"大河"。虽然这条河的水流方位不完全符合要求，改造河道也不切实际。但是，这条河确实流经城市的东部边界，而且它的入海口也恰好位于西南部，与风水学要求的条件非常接近。

除了这条大致符合风水条件的河流之外，还有另外一条位置更精确的通道，而这条通道是由一条大路开辟的。由于江户总体上不是方方正正的棋盘格，所以沿着"气"穿行的路线开一条道路并不难。江户以后也没有

图14：江户社会分区示意图。谱代是德川家族的忠臣，而外样曾经是反对德川的大名；旗本和御家人是幕府的家臣。他们居所的位置都具有风水学意义

再建过类似这条道路的其他通衢大道。除了这条大路之外，所有的道路都止于某个丁字路口或某个急转弯处，当各个微型棋盘格走到尽头时，道路就开始偏转，进入下一个棋盘格。从乡下进城的道路在碰到城堡外的某一条城壕时就终止了。各种突如其来的曲折和转弯削弱了城市的实用功能，所以这条为"气"修建的道路也承担着繁忙交通中必要的物流功能。但它的主要功能还是风水意义上的，从东北直到西南穿过城市，这一贯通效果比大河更干净利落。然而，不同寻常的是，江户这条唯一的大动脉却没有名字。无论是从风水的奇妙意义还是实际的意义来说，这条街都是至关重要的。但对幕府来说它却是一个隐忧，因为它几乎相当于对外敌的攻击敞开了大门。它作用重大，却只能寂寂无闻。

* * *

江户城的发展和重要地位，在屏风中也可见一斑。

描绘京都景色的豪华折叠屏风是在1500年左右发明的，并在下一个世纪里获得了人们的青睐。今天，被称为《洛中洛外图》的风景画把这座城市生动地呈现出来，即使古城的本体早已消亡，但其氛围和气息仍然鲜活如初（见图3）。折叠式屏风通常成对出现，分为左右两围。由于是内战时期的产物，屏风的左右两围描绘的并非历史上的左京和右京，因为它们已经不复存在。屏风的左右两围展现的是近代采用的城市区划，一围描绘下京，另一围描绘上京。下京画在右围的屏风上，因此赏画要先从下京开始。该围屏风中的下京包括原城市棋盘格及周边地区、鸭川对岸的建筑物。京都一些最重要的中世纪机构，特别是寺庙，都位于这里，因为能进入平安京棋盘格规划的建筑数量很少。由于身处市区之外，许多建筑在战争中幸存下来。"京都风光屏风"[6]描绘的景物之中，就有一座最古老的寺

45

庙——法观寺，它始建于公元592年，比京都本身的历史还悠久。如今，法观寺的大殿都已不复存在，但八坂塔于1450年前后重建，依然矗立在原地。后期的京都风光屏风反映了这座城市的发展变化，屏风描绘的内容包括丰臣秀吉于1588年建造的方广寺，该寺的大佛殿是日本有史以来最大的寺庙建筑。下京并没有什么重要的世俗建筑，而上京中坐落着搬迁后面积大大缩小的宫殿，旁边紧挨着朝臣官邸。最突出的建筑是二条城，它的位置一直变来变去，直到1603年成为幕府将军在首都的住所才固定下来。

后来——具体年代不确定，但很可能是17世纪30年代——《洛中洛外图》这种类型的屏风画面进行了改造，描绘的内容不再是京都，而是江户。出光美术馆和国立历史民俗博物馆收藏的屏风，被公认为最早也最精美的范例，我们在引言中已经对这两个屏风进行了介绍（参见图4和图5）。毫无疑问，当时肯定有明确要求，绘制的屏风画面中，必须保证江户与首都的地位对等。

描绘江户的屏风出现得比较晚，数量也不如描绘首都的屏风那么多，即使在江户时代也是如此。这在一定程度上是出于安全考虑，幕府将军不想将他的城市布局公之于众。还有一个问题是，直视高于自己地位的事物，即使是在画面中观看，也属于禁忌，至少没有表现出极端的恭顺。去过江户城区的人们都能看到重要的建筑，城堡那巍峨高耸的天守阁远远便可望见。但人们不应该直盯着看，也不能评头论足。艺术家们不能随意描绘城堡或者大名们的宅邸——当然，除非这些作品是为了满足精英们的个人消费。普通人应该体会到噤若寒蝉和视而不见的感觉，感受到所谓的"敬畏"。在观看和评论首都的宏伟建筑时，这种"敬畏"也必须表现出来，但在江户，这件事受到的压制要严格得多。尽管如此，成对的贴金屏风还是制作出来，不过只能由富人拥有，而且除了幕府成员以外，其他人定制江户城市风景主题的作品是极为不妥的。

现存的江户风景屏风与描绘京都风光的屏风一样，都把城市一分为二，寺庙大多绘制在右围屏风上，世俗权力机构绘在左围。神圣高于世俗，并保护世俗。顶级的贴金屏风通常被放置在重要人物的身后，以抵消与下属会面时受到的压迫感。由于重要人物面南而坐，屏风的右围通常会放在东侧，左围放在西侧。如此一来，就"京都风光屏风"而言，绘有下京（城市南部）的一围就放在了东边，而绘有上京（城市北部）的另一围放在了西边，这完全不合逻辑，没有道理。而江户风光屏风，从方位上讲其实更合理，因为江户的寺庙确实位于东方，或者更确切地说，位于东北方向，这一点我们将在下一章中进行讨论。将寺庙画在右围屏风的右上角，就等于将它们放在"气门"的位置，也符合它们在现实中的位置。而且，江户城堡的位置与寺庙相对，占据了左围屏风上端对等位置的大部分空间。江户湾画在城堡下方，而现实中它确实在城市的西南方并流向大海。海湾里荡漾着充满节日气氛的小船，可与著名的祇园祭花车相媲美，祇园祭花车游行是京都风光屏风上常见的景象。然而，江户风光屏风中却包含了"京都风光屏风"无法比拟的景色——左上角的富士山奇观。

成对的贴金屏风上描绘的主题非常广泛。有的屏风上左右两围景色连续不断，组成一个整体，但也有左右两围风景并不连续，迥然不同却又珠联璧合的情形。有时，江户与京都同时被描绘在一对屏风上，但是古城被压缩到只有正常面积的一半，多出来的空间则全部留给江户。这种做法看起来有些肆无忌惮，但也许其目的就是如此。描绘江户和京都的对屏把幕府放在右边，把首都放在左边，不得不说，这也是合情合理的，因为江户确实位于首都以东。但是，这种布局也把江户推到了主位。这也能说明，江户成为京都繁荣发展的必要前提，甚至是其生存能力的必要前提。

47

* * *

1657年，一场可怕的大火烧毁了江户大部分地区（图15），因此包括城堡在内大半个城市不得不进行重建。一些学者认为，历博收藏的屏风是为了纪念在火灾中失去的一切而作。但是，此后灾难接连不断，江户不断变化，幕府也随之改变。德川幕府一直以来是一个武家政权，但在不久后，幕府成员、大名及其幕僚随从便只是名义上的武士了[7]。他们很少有人能领军打仗，甚至见不得流血。作战本领演变为武术技巧，虽然苦练不辍，但从未付诸实践。江户的军事意义在很大程度上已不过是陈词滥调。1813年，江户已经连续两个世纪没有发生过什么重要战事，一名来自京都的游客向他的朋友们嚷嚷说，那些佩剑扛枪走在街上的大名和下级领主让他以为自己又回到了内战时期。说这话真算不上聪明，至少那些听到他的话的人不认为他说得对。他的江户朋友戏称他为"kyōjin"，这个词一语双关，意思既可以是"来自京都的人"，也可以是"疯子"（kyō也可以表示愚蠢）。也许我们可以把它翻译成"京都傻瓜"[8]。其实，他所见的只是已经演变为纯粹的舞蹈艺术的一种戏剧表演形式。

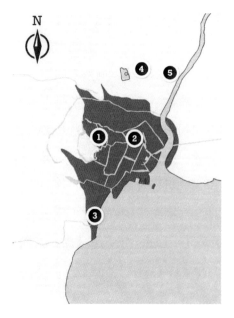

图15：1657年的江户大火。这是江户最严重的一场大火，被称为"振袖大火"。包括城堡在内的江户的中部和东部被焚毁殆尽。因此，隅田川上修建了一座桥以供人们在未来紧急情况下逃生时使用

1 江户城

2 日本桥

3 增上寺

4 宽永寺

5 浅草寺

在文化方面也是如此。如果你要探访一个兼具美景和文化名胜的地方，尽管江户不像京都那么历史悠久，但这座幕府城市同样值得一游。但评价是双向的，就像京都的人们乐于想象江户好战而可怕一样，去京都旅游的江户游客也倾向于认为京都相当顽固守旧。正如发明了"京都傻瓜"说法的江户人司马江汉所说，作为一个都市，"首都拖拖拉拉，江户蹦蹦跳跳"。此人从京都旅行回来后曾说："那里有很多神社和寺庙，值得一看"，相比之下，江户"没有什么值得参观的神社和寺庙"[9]。如果旅行者抱着墨守成规的心态行动，只会发现自己想看的东西。实际上，京都最令人印象深刻的三个遗址是方广寺及其中1588年建成的大佛殿，建于1382年的相国寺（尽管它的所有建筑都是1600年以后重建的），以及由德川家康建造的本愿寺。就其历史遗产而言，江户所拥有的财富并不比京都少。

曾经有一种叫作"三比"的文学体裁，也就是对三大港口城市江户、大阪和京都（虽然位于内陆，但有河流交通）进行对比。这类文学旨在给主流观点提供补充性观察，风趣地解释为什么江户是军事的、粗糙的和新兴的，京都是文明的、古老的和安宁的，而大阪则是城堡空荡荡、战略意义不大却有"国家厨房"之誉。[10]如果三元比较太烦琐，可以把大阪从公式中删除，只留下江户和京都作为鲜明的两极。其中一个城市的任何特征都可以在另一个城市找到完全相反的对应，这已成屡试不爽的范式。

大约在1670年，著名的江户诗人松尾芭蕉访问首都时写下了一首诗。芭蕉是一位俳句大家，俳句写得很有洞察力：

即使在京都，
听到杜鹃啼叫，
也想念京都。[11]

49 　　杜鹃据说是京都附近才能看到的鸟，江户是听不到这种鸟叫的。它们欢快的叫声预示着春天的到来。但是对于芭蕉来说，就算身处京都中心，被京都的林林总总包围，但其作为首都的意义也不复存在了。他所处的是一个全新的城市，一个看起来很像江户的城市。他走了那么远，来到这里，却发现想象中的京都在现实中并不存在。他发现，这个城市最漂亮的建筑是幕府的城堡，与江户那座一样。更过分的是，另一位江户旅行家木室卯云在大约一个世

50 纪后的1766年进行了同样的旅行，并说："花样京都"是200多年前的事，现在它更像是个"花样乡村"，只不过是个乡下地方[12]。

　　虽然1657年的江户大火常常被提起，并被认为是江户历史上的一个重要事件，但1788年把京都夷为平地的那场大火却很少有人提起。（见图16）。保留和延续才是京都应有的传统，损失只属于江户。这样的偏见至今仍然存在，本书将挑战这一观点。

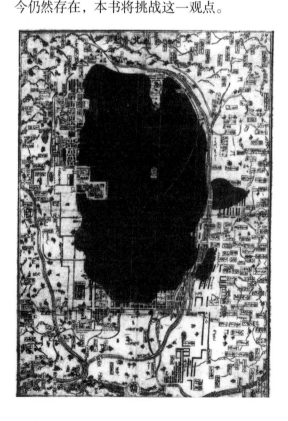

图16：《1788年京都大火》，单色印刷，纸本水墨。版画展示了首都最严重的一场火灾，黑色部分显示的是烧毁的部分，几乎覆盖了整个城市。绝大部分的建筑都不复存在。今天的京都市中心只残留了五六座1788年之前的建筑

第二章

幕府中心

51 **1603** 年，日本皇室同意设立一个新的幕府。此时距离上一个幕府（足利幕府）倒台已经过去整整30年的时间，但幕府将军真正大权在握却是100年以前的事了。这一历史事件值得纪念，因为它标志着日本分裂已久的各地重新联系起来，关系得到重新巩固，这时候确实需要一个纪念仪式。但如何做到这一点呢？日本没有建立纪念碑来庆祝历史大事的传统，虽然建过一些纪念性的寺庙，但从来没有建造过凯旋门、雕像或碑柱。然而，德川幕府的确要以此类方式来纪念对他们的敕封，这是有史以来第一次。他们建造了一座体量巨大、引人注目的公共建筑，既不是拱门，也不是碑柱，而是一座大桥。

从1600年开始，德川氏基本上控制了国家大权，仍有零散的地区与他们的权势对抗。丰臣氏仍然控制着大阪及其周边地区。这两个强大的家族仍是盟友，虽然时有摩擦，但双方之间的和平局面尚能维持。家庭历史更久的丰臣氏从未建造过纪念碑之类的建筑，但为了巩固和美化自己的统治，他们也进行过一些公共设施的建设。家族首领丰臣秀吉曾在首都建造了奢华的方广寺，寺庙的大佛殿长达80多米，高45米（相当于现代十几层

52 楼的高度）。这是在日本所能见到的最大的独体建筑。更不寻常的是，丰臣秀吉还筑成了首都第一道城墙，也可称之为围堤（图 12）。由于日本缺乏适于修建此类工程的石材，因此城墙是用土块垒成的。城墙长20多千米，宽约10米，高3米。它环绕着这座城市，其壮观气势日本少见。

此前建造的寺庙数量也不少，但方广寺的规模之大却是特别惊人。至于修建城墙，中国有大量的先例，但在日本却很少见到。同样，西方也有类似的范例。同一时代的欧洲城市，按常规一般也都建有城墙。丰臣秀吉的城墙是撷取多种文化元素拼凑在一起修建而成的，其中主要是吸取了外来的文化元素。虽然修建城墙是为了在战争时期保护首都，但是这样做也基于一种外向型的开放思维。此时的日本正在加入全球规范，力图维护本国的政治权威，所以势必要加入汉文化圈中其他的具有象征意义的图像学符号。

更具说服力并且与本章关联性更强的，是丰臣秀吉的另一件作品。同样，这件作品也并非像德川氏的工程那样是为纪念某个特定时刻而建，它以一种虽然普通却又新颖的庆祝方式为丰臣家族献上了贺礼。这座前所未有的建筑物宣示着权力与和平，它就是丰臣秀吉1590年在鸭川上架起的京都第一座永久性桥梁。这座桥将老城区与河对岸的新区连在一起。桥梁建在三条通（第三大道），往北一个街区就是内裹曾经的皇宫，当时是丰臣秀吉的二条城所在地。因此，这座建筑物被命名为三条桥，通常称之为三条大桥。桥的显眼位置固定着一块匾额，上书：

洛阳（即首都）①的三条桥将为子孙后代提供交通便利。桥基坚固，埋入地下5寻（大约3.8 m）深，桥下的63根石柱，像是高高撑起我们太阳王国（即日本）的砥柱。天正十八年（1590年）一月一日开放通行[1]。

该桥始建于1580年代，预计在1590年的第一天开放使用，但是当时日本人使用的并非公元纪年法。使用公元纪年法的，是当时居住在日本的为

---

① 因崇尚中国相对于"西京"长安的"东京"洛阳，故"洛"成为京都的异称。此处即指当时的首都京都。——编者注

图17：京都，三条大桥，始建于1590年。1950年重建的钢筋混凝土结构中保留了原来的部分石柱

数不少的欧洲人。这一点是很重要的事实，我们后面会讲到。这座桥确实足够坚固，历经300多年而不倒。其中一些桥柱至今仍在发挥作用，支撑着现代重新建造的桥体（图17）。

历史上，进出京都的正式通道是南门，即罗城门。后来逐渐出现了其他进出城的通道，中世纪时期城市棋盘格的消失，意味着罗城门丧失了原来的重要地位。最晚开辟的一个出入口设在二条通，以满足二条城的需求。如果在此架设一座专门的渡河设施，就可以进入具有重要军事意义的东部。但丰臣秀吉对此并未理会，而是把桥梁建在其他地方，也许他不想在离自己城堡太近的地方设置一个坚固而永久的通道。当然，还有其他一些实际原因：由于地势在三条通开始上升，因此这里更适合成为桥头堡，而且大桥建在这里遭遇洪水冲击的可

能性也较小。将新的出入口建在东边，表明丰臣秀吉很关注他当时所处世
界中的权力平衡。南方于他而言不是那么紧要，他原本可以重建罗城门，　　54
但并没有那样做。丰臣秀吉新建的是一座桥，而不是一座城门。他的目的　　55
是联通，而不是隔离。他造桥还有一个目的，即与那条叫作"东海道"的
大路相连，以便联通整个东部地区。

＊ ＊ ＊

　　在丰臣秀吉掌权期间，以及之前的数十年间，日本文化中开始融入一
种新的元素，即欧洲的社会规范。先是葡萄牙人，然后是西班牙人，他们
被允许在全日本自由经营，他们的船运生意进入许多港口。尽管中间也有
一些反复，但丰臣秀吉对此持欢迎态度。伊比利亚人以传教士和商人的身
份来到日本，而这两个群体都免不了向日本人大肆宣扬自己城市的荣耀，
无论他们是来自里斯本、马德里还是那不勒斯（当时意大利南部处于西班
牙控制之下）。神职人员中的许多人都见识过"不朽之城"（指罗马），
对城内古老和当代的纪念碑并不陌生。丰臣秀吉建桥的时间，正值教皇西
科特斯五世（Sixtus V）在位期间，这位教皇以大兴土木、建造纪念性建
筑而闻名于世。日本派往罗马的第一批使馆官员于1582年离开日本，途经里斯
本、马德里、威尼斯和其他许多美丽的城市，于1585年抵达目的地[2]。教皇格
雷戈里十三世去世时，日本代表团恰巧就在当地，也出席了西科特斯就任
教皇的典礼。在对方慷慨赠送的礼物中，有一款具有特殊的意义，它就是
那个时期最重要的一部书，书中的插图描绘了欧洲及其殖民地城市。该书
由乔治·布劳恩（Georg Braun）和弗朗兹·霍根伯格（Frans Hogenberg）
收集的彩色版画编纂而成，书名为《世界城市风貌》。浩大的出版计划当
时仍在进行中，因此日本人能够带回的只有第一卷（图18）[3]。1590年使团

图18：《墨西哥城》（正式名称：特诺奇提特兰城，Tenochtitlán），弗朗兹·霍根伯格作，临摹安东尼·杜·皮内（Antoine du Pinet）之作，出自乔治·布劳恩和弗朗兹·霍根伯格编纂的《世界城市风貌》（1572年）。这本著名图集的第一卷由日本第一个赴欧洲使团于1587年带回

成员返回日本时，丰臣秀吉会见了他们，因此，他也许看到过这本书，甚至得到了使团成员的赠书。无论如何，一位未具名的日本权贵确实看到过这部书，并对其欣赏有加，因此委托制作了一对令人惊艳的金色屏风，上面描绘了临摹自布劳恩和霍根伯格书中的28个城市的风光（图19）[4]。欧洲城市有宫殿和宗教建筑，这一点与日本城市一样。此外，它们还有城墙和桥梁，日本的首都也刚刚建造了同样的东西。但是欧洲城市里还有许多专门的纪念性建筑，而且数量众多。

历史大事可以，而且应该以永久、公开和不朽的纪念方式记录下来。毫无疑问，这种观念已被日本人接受。如果说丰臣秀吉只是在生命尽头才认识到这一点的话，那么比他年轻7岁但寿命更长的德川家康便是将此观念发扬光大的人。德川家康打算建造一座宏伟的大桥（该大桥也是本章的焦点），以此宣告德川家族是些什么样的人，他们做了什么事，以及完成霸业的具体时间，即1603年。他同时还想宣示德川家族大本营的所在地，因此没有把这座纪念性建筑设立在京都，而是建在虽然偏远，但属于自己的城市中。虽然远离古老的文化中心，但这座纪念性建筑却开启了德川幕府的一系列行动，以消除人们长期以来对"野蛮东方"的鄙视嘲讽，为江户树立一个重要地标，而且不仅如此，也为整个"太阳王国"树立了一个新的中心。

1603年的江户仍然是一片沼泽，城市轮廓模糊不清。有些地方开展了排水工作，滨海地区也被加固。住宅大致进行了区域划分，寺庙建设也做了规划布局，巨大的江户城堡也在原来的地基上建造起来。但是总体上江户给人的感觉仍是毫无特色，而且建造的总体环境局促狭小。如果建一座庞大的公共纪念性建筑，当然会鹤立鸡群，引人注目。随着江户从一个军事营地发展成为幕府城市，并有望成为一个和平富足之地，这座纪念性建筑应该把对现在和未来的希冀，以及幕府对生活在这片土地上的臣民一直

56

57

图19：《二十八城风景图》，佚名作，1600年，一双屏风中的一围，纸本金底彩绘。这位艺术家可能在耶稣会受过训练，将布劳恩和霍根伯格书中的风景画移至贴金屏风上，并在顶部添加了武士画像（源自其他出处）。屏风都是成对的，这组屏风的另一围绘有世界地图（此处未展示）

58

以来所表现的仁慈，淋漓尽致地表达出来。

由于缺乏相关的文献依据，我们无法了解德川幕府在江户建造大桥的动机，但是我们可以根据现有的证据以及对桥梁更广泛的理解做出推断。相较丰臣秀吉在京都建造桥梁，德川家康做出同样举动的动机却可能完全不同。德川家康的桥远比丰臣秀吉的桥更显眼，因为它不是建在城市的边缘，以便将城市与周围的世界联系起来；而是搭建于城内，宣告它在全城的中心地位，并且通过它这个中心节点将江户从内部连接成为一个整体。

　　江户周边挖了许多护城河，一是为了做保护屏障，二是为了排水，且都可以乘渡船通过。而桥梁会给防御带来负面影响。因此，1603年之前的江户，并没有建造过任何桥梁，之后的半个世纪内也不会再建造像该桥一样的巨型桥梁。建造这样一座庞大的建筑以纪念自己的家族，德川家族必须小心行事，不能因此削弱城内的安保。但是桥梁也有另外一个重要作用，即它可以促进联通，加强联系和团结合作，并最终实现和平。

　　日本的第一个市中心和它的第一个公共纪念建筑肯定会有一些外来因素的注入。这种外来因素很可能来自欧洲人。想方设法进入日本权力的所在地而非贸易港口的欧洲人，就是传教士。日本人称呼他们"bateren"，这个词源自"神父"，但是神父们却称呼自己为"pontifex"，拉丁文意为

"桥梁建造者"。传教士们应该会向皈依的日本人解释，教皇是他们的大祭司（pontifex maximus）。牧师们可能还给日本人灌输了这样一种思想，即基督教对完整与和平之城的最著名的表述，出自《圣经·诗篇》第122节，其中称耶路撒冷"被建造，如同联络整齐的一座城"（quae conjuncta est sibi），"因为在那里设立审判的宝座"。书中还说："愿你城中平安，愿你宫内兴旺。"从1603年起，曾经分散凌乱的江户也变成一个统一体，成为一个统治有序、繁荣昌盛的地方。

这座桥并没有建在大河（隅田川）之上，而是建在江户最中心的护城河上，大河位于江户城的边缘，因此在上面建桥必然会与城外相连。此桥跨度很大，接近50米长，宏伟壮观且形态优雅，桥的两端均立有装饰性铁柱。大桥的曲度比丰臣秀吉所建的三条大桥高得多，桅杆船可以从桥下驶过。

59
60
61

站在桥面的最高处，这座正在成长的新兴城市一览无余，城里大多数建筑都是平房。过桥的人感觉到，比起桥的长度和高度来，它的宽度更加非同一般。要知道，对于当时的大多数人来说，这可是他们有生以来走过的唯一一座桥梁（当然，也许除此之外他们走过架在乡村小溪之上的木板）。大量的人流车流可以同时双向通行。桥的中央设置了一道梁架，将两股交通分开，使行人与车辆各行其道，有序通过。这座桥处于交通要道，又姿态端庄，作为统治者送给人民的礼物正合适。桥的名字源自它的宽度，被称为"二本桥"，也就是"二道桥"。桥下的水道也因此得名二本桥川（"二道桥之河"）。

当然，二本的日语读音"Nihon"也有其他含义。虽然令人遗憾的是，并未有任何相关史料记录，但是从建桥一开始，肯定存在使用谐音双关语的设想。Nihon通常的意思是"日本"，因此该桥也称日本桥。代表着江户凝聚力的大桥是整个王国的象征。它是德川家康就任幕府将军的纪念，同时也宣示，这里不仅是江户的中心，还是将整个国家联结在一起的焦点。

东海道与丰臣秀吉所建的大桥在首都城外相连，但在江户，这条道路却被直接引入城内，与日本桥连接起来。因此，它便成为江户唯一穿越全城的林荫大道的一段。重要的是，这条道路与"家康之桥"

图20：图4的局部，屏风左围，《江户城与日本桥》。画中描绘了城堡主楼天守阁，城堡的其余部分则被隐藏起来，以示敬畏。城楼下方左侧是人群熙熙攘攘的日本桥。画面右下方的那座桥是后来建造的

的交汇处现在被宣布为东海道的起点，而不是终点。东海道在概念上被翻转过来，不再把首都作为起点向东延伸，而是调转了方向，把江户作为原起点。幕府维修了穿越日本岛中部的五条道路，即五街道，每条道路现在都以江户为起点。测量距离时，是从江户向外测量的，具体而言是从日本桥开始，今天的日本仍旧维持这种做法。曾经广为人知的"二本桥"之名，后来也就弃之不用了，大桥上正式写上了"日本桥"几个字。上文中提到的江户全景屏风总是会把这座桥画上，通常将其直接置于城堡下方，这样的布局暗示着幕府将军居高临下，可以直接监视大桥。（图20和图21）。

在欧洲，城市都有中心，但通常不是桥梁。正如布劳恩和霍根伯格书中展现的那样，城市里人群

62

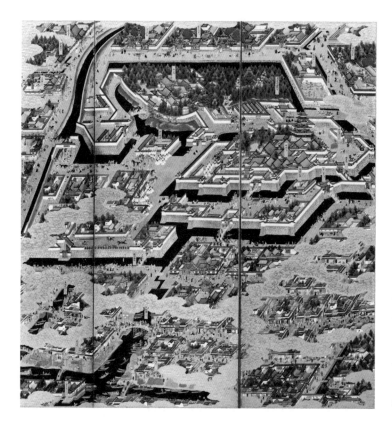

图21：图5屏风左围局部所示之"江户城与日本桥"。此屏风是为一位精英人士定制的，屏风的画面非常详细地描绘了城堡的景象。日本桥位于左下角

的汇聚点通常是广场，广场的命名也大多依据重大的政治事件。比如1685年规划的巴黎胜利广场，以及1844年的伦敦特拉法加广场，后者也是测量距离的零点位置，其名称源于一场为维护英国自主权而发生的生死大战。这类城市广场适宜建造纪念碑。它们周围可能会集中建造一些具有象征意义的建筑物，比如：宫殿、贵族住宅，也许还会建一座教堂。具体到伦敦的这个广场，它周围建有各殖民地驻伦敦的大使馆和一个国家美术馆，似乎寓意英国是欧洲文化的守护者，此外，还有一座纪念探险家守护神圣马丁的教堂。

布劳恩和霍根伯格编纂的书表明欧洲城市确实建有令人惊叹的桥梁。其中值得注意的是伦敦桥，原桥建于公元55年前后，书中描绘的当时尚可

通行的桥建成于1209年。伦敦城和伦敦桥也在那对贴金屏风上，画面中还绘有布劳恩和霍根伯格书中其他城市及其景观（图 24）。然而所有这些桥梁都是从城市向外通向其他地方，就像丰臣秀吉所建的大桥一样。

图22：图19局部所示之"伦敦"。图画在布劳恩和霍根伯格的原作基础上增添了一些新元素，但画面焦点仍是老圣保罗大教堂和伦敦桥

　　在欧洲诸多城市中，只有威尼斯以一座大桥为中心。最初，建造这座桥是为了将铸币厂与市场连接起来，也就是说，把信托公司和实际的商业场所连接起来。那对贴金屏风上也包括威尼斯，不过是以地图的形式呈现的（图24，参见图19）。我们已经了解到，该桥的外观后来是如何激发了江户时代的画家歌川丰春的想象（参见图7）。1591年，威尼斯市议会建造了一座新桥，由安东尼奥·达·蓬特（Antonio da Ponte）设计，设计师的名字确实取得十分贴切①。这

63

---

　　①　蓬特的意大利语意思是"桥"。——译者注

图23：意大利威尼斯的里亚托桥，由安东尼奥·达·蓬特在安东尼奥·孔蒂诺（Antonio Contino）的协助下于1588年—1591年建造。里亚托桥建成时被赞为奇迹，成为威尼斯实际上的城市中心

座单拱桥在当时堪称奇迹，它保存至今，名为里亚托桥（Rialto Bridge，图23）。建一个市民广场对江户来说风险太大；建一座桥则可以使之成为一个更具防御性的核心。但是，桥梁本身具有更深远的意义。在战争中，桥是首先要摧毁的目标，屹立不倒的桥便标志着和平。当然，它们还代表着更多的意义。

* * *

64   德川家康建造的纪念大桥具有国际化元素，但日本桥也结合了本地的实际。日本多山，春季积雪融化会引发洪水。雨季到来时，台风频发，也会带来大量的降水。那时的日本很少建桥，因为很容易被洪水冲走。少数桥梁之所以能保存下来，是出于实用的需要而不断加以维护，而且由于其稀缺性，它们作为关注的焦点，扮演着重要的角色。日本从古至今最著名

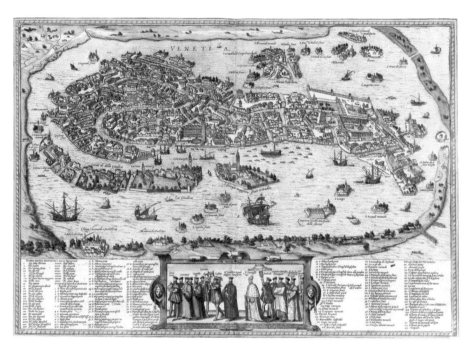

图24：临摹约瑞斯·霍芬吉尔（Joris Hoefnagel）之作《威尼斯》，弗朗兹·霍根伯格作，出自乔治·布劳恩和弗朗兹·霍根伯格的《世界城市风貌》（1572年）一书。大多数城市图描绘的都是城市风景，但《威尼斯》采用的却是地图形式

的两座桥，一是佐野渡，二是宇治桥。第一座桥佐野渡是古代建造的，早已消失得无影无踪，现在只不过是记忆中的存在。这座渡桥被毁之前曾经出现在一篇备受推崇的宫廷和歌中。如前所述，这些和歌通常以真实的地理位置为背景。反复引发诗人灵感的地点被称为"歌枕"，仿佛世世代代的诗文都摞在一起，成为一个不断加厚的垫子[5]。歌枕将在第四章中讨论，但位列其中的佐野渡和宇治桥，我们先在这里讲述一下。

佐野位于偏远的纪伊国，现在属于和歌山县的新宫市。伟大的诗人藤原定家曾在此处写过一篇和歌，1205年被收录在后世流传的诗集中：

佐野渡头暮雪降，

驻马拂袖无处栖[6]。

隆冬时节，远离首都，朝臣发现自己面对大自然的力量可怜无助、无可奈何。这种悲哀的情绪，很少见于这样一个权贵人物，因此也反映了藤原定家诗句中饱含的辛酸。"歌枕"也成为绘画的主题，按照惯例，画面中的佐野渡被描绘为一座浮桥——实际情况可能也确实如此——当冰雪融化，水流湍急时，浮桥便被拆除。画中的定家高举起衣袖，抵挡飘落的雪花（图25）。渡桥摇摇晃晃，看起来很危险。画家借用佐野渡传达了一种战栗和不安全感，而寒冷的严冬季节更加深了这种情绪。佐野渡提供的通行条件有些令人担忧，而且渡桥并不是时时刻刻都在那里（在恶劣天气下会被移除），即使安装到位也不稳定。到1603年德川家康修建日本桥时，佐野渡早已消逝如风。

宇治桥则不同。它位于首都城外，是从南部进入首都的通道，骑马只需几个小时就可以到达，因此离城市中心较近，利用率也更高，尤其重要的一点是，

图25：《佐野渡》局部，出自《四季诗意》，铃木其一作，1830年—1840年，一套四幅手卷，纸本设色。表现的是古典诗人藤原定家正准备在佐野渡过浮桥，雪花打得他摇摇晃晃，他挥起袖子护住自己

首都的主要出入口罗城门就通向南部。宇治周围没有任何山脉，因此不太容易被河水冲垮（尽管还是被冲垮过几次）。比较著名的一件事是，在1180年的宇治桥大战中，桥梁也在战斗中损坏。当时，为了阻止敌军突入城内占领首都，守军拆掉了桥板。这一事件记载于大约1325年成书的战争编年史《平家物语》中，书中对此战进行了详细的叙述。28000名骑手冲到桥上，前200名是最勇敢的武士，但他们无法及时勒马停住，因此从桥板的孔隙中跌落，淹死在河中，此时，"大桥之战正如火如荼"[7]。宇治桥作为激发灵感最多的"歌枕"之一，也多次出现在艺术作品的描绘中，其象征意义与日本国内连绵不断的战争相关联，提醒着人们桥建好了不过是为了下一次被摧毁（图26）。如果佐野渡激发的是一种个人的反思，宇治桥则扩大到了全民性的认知范畴。这两座桥，作为文学建构，都隐含着互联互通的不稳定性。

67

　　与佐野不同的是，宇治这个地名也是双关语。此处演变出许多"歌枕"，并不是因为有哪一位诗人真正拜访过该地，而是因为该地名与诗人意欲抒发的悲凉情绪相呼应。在日语中"宇治"与其他字组合，可以产生"悲伤"的意思，所以，这座桥同样也带来了悲伤的感觉，因为它既意味着连接，也暗示着分别。它所表达的哀伤可能是英雄般的男子气概，以怀念失去的战友，或者也可能是女子触景伤情的哀婉。古代，朝臣们在宇治建造了避暑的别墅，以逃避首都的灼热。夏天，夫人们就住在这里，男人们只能在朝政允许的情况下前来探望；秋天将临时，她们又被召回城市。

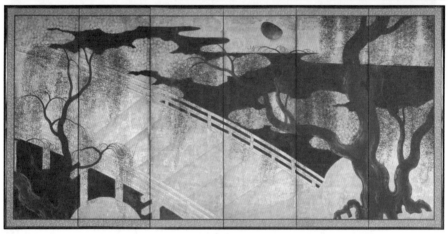

图26：《柳树和桥》，佚名作，17世纪初，六曲一双折叠屏风，纸本设色，铜、金、金箔铺底，尺寸各171.8厘米×352厘米。宇治桥是一个代表悲伤的"歌枕"，画中的宇治桥沐浴在秋天皎洁的月光下，尽显凄美。此地让人想起一个传说中的悲剧人物，"宇治桥姬"。上图的屏风应摆放在右侧，下图的屏风摆在左侧

因此，许多诗歌的内容都是夫人们的诉说，她们等待着召唤，却可能永远都不会等到。因此出现了一个虚构的人物，通常被称为"宇治桥姬"，她就这样被永远抛弃在宇治桥畔。其中最著名的还是藤原定家所作的一首诗：

孤寂秋风思君夜，

宇治桥姬轻舒袖，

一弯明月照当空。[8]

　　藤原定家运用移就修辞，让半个月亮消除了孤枕难眠的寂寞感。在东亚诗歌中，总是喜欢歌咏秋天的圆月，那是丰收时节的月亮。定家为了刻画出女子的孤独寂寥，打破了这种传统惯例。描绘宇治桥的画作一般都在桥的上方画半个月亮。画面中通常还包括生长在河岸上的柳树，据说，缠结的柳枝就像是弃妇乱蓬蓬的长发。

　　以上都是俗界的观点和说法，而在佛教中，桥梁具有重要意义。造桥被认为是一种功德。建桥花费不菲，工程繁复，造桥助人渡河，功德无量，其意义远大于实用价值。在中国，自古以来，和尚修建桥梁以示慈悲[9]。日语里的"到彼岸"一词，意味着佛教中的"觉悟"，因此常把桥比作一种安全又可靠的工具，它能让人从烦恼的此岸渡到觉悟的彼岸。公元646年，一位名叫道登的和尚建造了第一座宇治桥，这也许是日本的第一座桥。寺庙建桥的做法一直延续到江户时代，云游僧人在其中起着重要作用。1634年，一位居住在长崎港的中国僧侣默子如定建造了一座桥[10]。这是日本第一座双拱石桥。如定向人们展示了先进的造桥技术，既帮助了当地的人，同时也彰显了自己的传教目的以及日本与自己祖国之间的相互联系（图27）。后来的僧侣们纷纷效仿如定造桥，直到长崎市中心的河上修建了很多座桥梁（实际上多达十五座，远远超过了需求），这些桥梁至今仍然存在[11]。1649年，荷兰东印度公司也受邀建造一座西洋风格的桥，但是他们拒绝了[12]。

　　木喰和尚建造了江户唯一的一座石桥，即位于目黑川的太鼓桥，目黑川就在城市中心的外缘，尽管建造年代没有记录，但我们知道木喰和尚于1695年去世[13]。然而，也有这样一个传说，太鼓桥是由江户的高僧西运重建

的。西运以前是个居
士，名叫吉三，他拒
绝了一个叫阿七的女
子的求爱，阿七因爱
情被辜负，在1683年引
发了江户最严重的火
灾之一[14]。为了弥补过
失，吉三削发为僧，
并造了一座桥。吉三

图27：长崎眼镜桥，
初建于1634年，于
1982年重建。双拱倒
映在水中，就像一副
眼镜。这是来自中国
的僧侣所建造的

和阿七的故事被写进了许多文学作品[15]。歌川广重的
画作使得这座桥广为人知（图28）。

***

70　　日本桥也不乏与桥梁有关的意象、隐喻和故事，
无论是本地的还是外国的都有。所有的道路都从日本
桥那里出发，这样的事实进一步强化了它的离别气
氛。过桥后，西行的人要沿着东海道步行14天，才能
到达京都；那些向东走的人便踏上了日光大道，这条
公路通向壮丽的德川家康陵墓，从江户到那里要走4
天。1651年，第三代幕府将军德川家光也埋葬在那里
（其他幕府将军都葬在江户）。因此，江户中心的大
桥是两条重要公路的支点，一条通往首都，那里有日
本历史悠久的宗教遗迹，而另一条通往德川家的灵
庙。站在日本桥上，就相当于站在京都和日光大道之

图28：《目黑太鼓桥夕阳之冈》，歌川广重作，1857年，出自《名所江户百景》，彩色木刻版画。单拱桥在水中的倒影像一面鼓，它是江户唯一一座石桥，也是著名的景点

间，站在宫廷与幕府之间，无论往哪个方向都可以到达目的地。

东海道人来车往，交通繁忙。沿途有53个检查站或车站，严密控制着道路通行。53并不是个随机挑选的数字，而是特意援引了善财童子的求法历程。他对觉悟的不懈追求在佛教经典《华严经》中有述[16]。善财童子被大智菩萨文殊派到各地参学，为此拜访了50位老师，却一无所获。拜访的第51位老师是未来佛弥勒菩萨，弥勒察觉到其有觉醒的迹象，将其送回文殊菩萨，拜文殊为第52位老师。文殊菩萨赞叹不已，又把他引见给普贤菩萨，善财童子最终蒙其开示而悟道。普贤菩萨这样告诉他：

> 无边胜福皆回向，
>
> 普愿沉溺诸众生，
>
> 速往无量光佛刹。
>
> （《大方广佛华严经普贤菩萨行愿品》）[17]

城市干道的概念化符合1603年江户的地位，作为一个新城市，在战争时期，它很大程度上仍是一个军事根据地。从日本桥步行500公里，经过53个幕府检察官的盘查，你就进入了京都，可以去日本最受人尊崇的"善知识"聚集的场所参学。

另一个方向的日光大道没有那么长，只有23个车站。这个数字没什么特别意义，但是这条路线隐含着风水学特征。它从敏感的东北方向，即气门，经过浅草，离开了江户；浅草以前在城外，但这时已经并入了江户。

***

日本桥每天人来人往，生机勃勃，百姓关心的是柴米油盐酱醋茶。最早描绘这一地区的图画就表现了这种氛围（参见图20和图21）。这个地方聚集了各色人等。桥梁使人们聚集，形成交通瓶颈，德川家正好利用这种漏斗效应进行管控，但同时也以建筑和空间的方式宣示其政体的存在。在日本桥上欣赏到的风景令人惊叹——这在江户这样一个缺少整体棋盘格规划的城市中很少见。日本桥是唯一能纵览江户广阔全景的地方，可以沿着日本桥川一直望到江户城。这座桥恰好架在此地，目的也是展示一下权力所在地的风景。毕竟，江户城是一座城堡，不可能看不见。日本桥坐落在城堡的东侧，清晨的阳光照耀在金色的桥塔上，灿烂辉煌；而江户城的大门在桥的东边，这意味着第一束阳光照亮的是幕府。后来，又建了一座桥，位于日本桥川与城堡护城河的交汇处——在某些图片中可以看到——但在最初的规划中，景色应该是连绵不断的（图29）。

沿着日本桥川的两岸，建有许多仓库，一直延绵到城堡。这些仓库储存着来自整个日本列岛以及世界各地的物产，不过他们只供应城堡，不供应整个城市。从桥上眺望的人可以体会到城堡召集和指挥的权力。虽然通常被称为江户城，但我们应该记得，它的真实名称是千代田城。德川氏的社会契约是这样规定的：幕府政权会确保此地和平安宁，保证消除贫困。如此，它才能长久不衰。用当时的语言来表达，即幕府要"经世济民"[18]。因此，良好的秩序是最基本的要求。

站在日本桥上眺望，城堡巍峨，位置偏左。它并没有端立在正前方是为了与左侧的圆锥形富士山保持平衡。"富士"这个名字是另一个双关语，或者说是多个双关语。日语富士的读音"fuji"可以表示"不二"，给人的感觉是这座山无与伦比、盖世无双；它也可能意味着"不死"，从而象征不朽和永恒。今天，富士山已成为整个日本的象征，但在江户时代并非如此——富士山远离首都，因此是江户所在的东方的象征。"不二"可

72

能表明京都没有任何东西可以与它媲美。富士山许诺给予江户独一无二的永恒。

73　　桥分左右两面，日本桥的两面景色互补。背向城堡向东看，是另一幅具有象征意义的构图。这里是江户的鱼市。因为京都位于内陆地区，所以那个时候鱼还不是日本人的主食，但是，江户到处都是海鲜。画中的这个市场很有名，每天的交易量超过一千两金币，而一两金币可以购买一石大米，换句话说，一两金币足以养活一个成年人一整年[19]。平底船停泊在桥边，卸下大量鲜鱼，品种丰富，价格便宜。图片上显示小贩们挑着箩筐从桥边走过（图30）。除了鱼市以外，还有很多仓库，这些仓库与大桥另一侧的仓库一模一样，但这些是给普通

图29：《江户日本桥》，葛饰北斋作，《富岳三十六景》之一，1830年—1832年，彩色木刻版画。采用全透视法会使城堡缩小成一个点，因此北斋将其置于一个单独空间中，高悬在上方，只有富士山比它更高

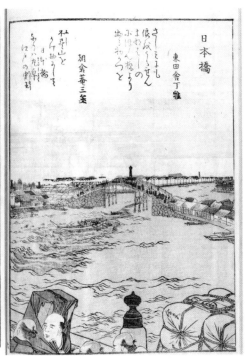

图30：《日本桥，望向江户桥》，葛饰北斋作，选自《东都名所一览》，1800年，彩色木刻版画。背向城堡方向看过去，面前的景色是大河，鱼市就在左边

人用的。这里还有另一座桥，是后来增建的，叫作江户桥。正如人们戏谑的那样，鱼市把江户和日本连接在一起[20]。尽管这样的市场又脏又臭，交易也不规范，但它并不会对投向城堡的目光形成负面的影响。市井生活是日本桥背面的风景，也是幕府政体的中心。

18世纪中叶，描绘江户著名景点地形的版画开始流行，无论在数量上还是在流通范围上，都远远超过了金色屏风上的风景图。任何人都可以买到这些版画——这就需要对精英权贵的住所进行谨慎处理，哪怕些许的不敬都会给艺术家和出版商招致严厉的训诫。风景画印刷出来就是供人欣赏的，却有着许多顾

忌，这似乎有悖常理。实际上，幕府政权也开始觉得有些不合情理。巨大而醒目的城堡是战争机器的组成部分，随着时代的变迁，这些城堡令幕府感到尴尬，幕府希望像所有东亚精英一样逐渐退出显眼的位置。当1657年的熊熊大火烧毁了城堡的天守阁时，这样的毁灭甚至可能是一种如释重负的解脱，此后，天守阁再未重建。在为平民创作的图画中，对城堡的描绘都极其审慎。我们来看一下江户画家葛饰北斋的两种描绘方式：第一种方式参见上文出现的一幅插图（图29）；另一种方式则表现在展开的两页画作中，出自一本江户指南手册，也是类似的流行作品（图31）。前者描绘的是市井画面，没

图31：《日本桥》，葛饰北斋作，出自《绘本东都游》1802年，彩色印刷本。这本书1799年出版时是单色本，再版时删除了部分景点，彩色印刷。鱼市位于画面底部，城堡位于上方，雄伟壮观，逸出了画框

有什么严肃的内容，北斋笔下的场景开放坦荡、一
览无余。后者描绘的是面向城堡的景色，但是进行
了改动，画面中包括了鱼市和整座桥。在以第二种
方式描绘的画面中，忙碌的平民清晰可见，但是有
一队威严的大名的人马也从西方进入画面。画中出
现大名队伍的目的是隐藏他们。随行人员被云遮住
了，只用一支戟来代表。这就是描绘权势人物的正
确方式：必须把他们表现出来，因为忽略他们是不
敬，但又不能把他们完全表现出来，因为盯着看也
意味着不敬。北斋还小心谨慎地用云雾和树木遮蔽
了城堡。他不能不表现城堡，实际上，他必须表现
它，因为不这样做，就意味着要抹杀它，是为大不
敬。因此，他将其表现为遥不可及的场所。北斋描

74

图32：《从江户桥看
日本桥》，北尾政美
作，选自《浮绘》系
列，彩色木刻版画，
1781年—1789年。严
格采用透视法带来的
一个问题是，城堡的
重要意义被大大削
弱了

绘的城堡打破了空间的框架，它是平民版画框架内无法容纳的事物，被放在右上角，凌驾于其他一切之上。前文出现过的北斋的另一幅画中也采取了类似的做法（图29）。北斋在此画中采用透视技法来表现排列密集的仓库，但是照这样布局，城堡就会位于透视中的"消失点"。让城堡看起来如此渺小是大不敬，因此北斋让其脱颖而出，漂浮在天空中，摆脱了几何原理的束缚，与下层社会界限分明。我们可以将这种构图与另一位江户本地版画家北尾政美的作品对比一下（图 32）。政美把城堡画在桥下，上面是隆隆作响的小车和肮脏的脚。这真是一个大胆冒险的构图。

* * *

日本桥具有强烈的象征意义。幕府在这一带集中设立了各种统治机构，进一步强化了这种重要性。这些机构处所被刻意往后移动了一到两条街，如此一来，它们既构成了大桥的周边环境，但又并非实际可见，从而避免了平民百姓的审视。这就符合城市规划中的"敬畏"要素。桥上的人知道幕府的建筑就坐落在附近，但是，作为平民百姓，他或她无权看一眼这些建筑物。这种介于可见与不可见的对立特性渗透在幕府将军对政治意义的看法中，被称为"影像缺席"[21]。

以河为背景，在日本桥和城堡之间，有三个地点可以体现幕府统治的力量。这三个地址都在东岸，即日光大道和"德川"这一侧，而不是在京都那一侧。这几个地点控制着一些至关重要同时又具有象征意义的事项。这些特色事项也是以前日本所有政权都无法企及的。这三个地点设有各种机构来监管价值、时间和空间。第一个地点离城堡最近，是铸币厂。和威尼斯一样，这里是日本的最高商业机构，称为"金座"。江户的铸币厂建造于1601年，实际上早于日本桥建造的时间，因此，日本桥在建造时肯定是刻意设计得与铸币厂成一条直线。这座庞大且保存完好的建筑充当着幕府中央银行的角色，现如今的日本银行仍然占据着这一位置。日本的第二个造币厂开设在德川家康隐退后的城堡骏府城，但是这个造币厂于1612年关闭，所有的产品都运到了江户[22]。金座与河流之间的街区被称为本两替町。然而在历史上，日本当局很少发行货币，通常使用中国的钱币，也就是称重计算的纯金属块。1608年，幕府禁止使用外币，发行了一种金币，称为小判，价值一两[23]。我们在前文讲到过，一两能买到一石大米，不过，有意思的是，一两金币换算下来也恰好等于殖民时期西班牙的货币一里亚尔。虽然汇率会随着时间上下波动，但这表明德川幕府发行的新货币融入了世界贸易的国际体系。由于一两是一笔巨款，因此1626年又发行了一种价值比较低的铜币——宽永通宝，因铸造于后水尾天皇宽永年间（1624年—1644年）而得名。也许是因为货币大量普及，所以后来的历博屏风中没再看到露天货币兑换商（参见图 21）的形象。江户铸币厂是如此重要，以至于它不仅没在这张图画中出现，而且在存世的270年间，都没有留下一张关于它的图片。北斋的透视版画中，也只是隐约示意了它的顶部，一片金光灿烂的轮廓（见图29）。但是，没有一个艺术家或出版商敢冒大不敬的风险来充分描绘其形象。因此，我们不知道这座建筑物的外观是什么样。

　　第二个地点也同样是封闭的，从未成为被描绘的对象，但所有人都知道，也听说过它。这就是江户的时钟，位于本两替町旁边的本石町。"石"这个字，表示的是大米的重量单位，但它在日语中作为多音字也可以写作"时"，表示时间单位（一时约等于现代的两个小时）。但是，这只是推测，因为找不到与此有关的记录。江户以前没有任何统一的报时设施。人们要么使用自己的计时工具，要么干脆什么都不用。因此，在日本桥建成后不久，幕府将军德川秀忠就捐了一座钟。据说幕府将军把挂

图33：本石町大钟，建于1711年。钟楼为现代所建。古老的大钟得以幸存，但是从原来的位置移到此处，安置在难看的钢筋混凝土结构中

在城堡里的钟摘下来，捐赠给了这座城市。这表明，政府管理部门施行的秩序已扩大到全市范围。幕府安排了一名官员专门负责敲钟，并且向能听到钟声范围内的住户征收适量的税款，用以大钟的日常保养[24]。

大钟是幕府将军永久馈赠的礼物，而且他还负责所有修理费用。当大钟烧毁时（这种事发生了好几次，分别在1657年、1666年、1679年和1711年），幕府将军及时进行了更换。我们不太了解以前钟楼的外观，但是1712年后的钟楼，正面有20多米宽，整座钟楼有35米高。至于大钟，最后更换的那个仍然存世，就挂在原始地点附近的一个公园里，但旧日的风采已经黯然无存。公园里经常睡着蓬头垢面的人，大钟悬挂在难看的混凝土结构中（图33）。

这座钟没有任何图片记录，文字资料也不足，但还是有一点儿。1774年，俳谐诗人与谢芜村写到了它。如今，芜村被视为继松尾芭蕉之后的俳句巨匠。年轻时，他从京都来到江户，师从早野巴人学

习俳谐。芜村写道："我的师傅，曾经居住在武藏国江户市的一个简陋的住宅中，就在著名的（本）石町钟楼附近。这个位置使他得以享受城市中心的生活。"芜村之所以提及这个地方，是为了表示"敬畏"。他说，钟声唤起了他艺术上的觉醒：

79

一个寒冷的夜晚，我师傅被钟声惊醒，于是他跟我谈起了俳句。要是我啰嗦一些废话，他就假装没听见。我由此认识到他是一个多么了不起的人。[25]

幕府将军的大钟反复提醒着与谢芜村听取早野巴人的独特见解。由于巴人经常进行此类午夜会谈，因此工作室取名为夜半亭。巴人去世后，芜村继承了夜半亭的俳号。

日本桥附近的大钟位于江户的中心，还有另外八座大钟散布于城市周围（浅草、本庄、上野、芝、目白、市谷、赤坂和四谷）[26]。它们按照本石町的"真实时间"确定时间，因此城郊地区的时间会有所滞后。显然，随着与幕府的距离拉远，时间也脱离了管辖。

有趣的是，当第三代幕府将军于1634年前往大阪时，他注意到这座城市缺一座报时钟。因此，德川家光捐赠了一座钟，附带赠送一个钟楼，以此纪念他的来访。这又是一座纪念性质的建筑。授予时间是幕府将军的特权，但同样，他四处游历的时候，也得随时掌握时间。该地点被称为"钓钟"，尽管今天已经看不到大钟的踪迹，但它得以在大阪的地名"钓钟町"中幸存下来[27]。

再走过几座房子，就是位于日本桥附近的第三个重要地点。这里经常空无一人，比起重要的象征意义，这里几乎无事发生，不过，一旦发生什么，便影响深远。此地被称为长崎屋，是欧洲游客的旅舍——其实就是联合（或荷兰）东印度公司高级员工的宿舍。住在这里的大多数是荷兰人，也有德国人、瑞典人和瑞士人作为公司员工来访。VOC公司（VOC是东印度公司的荷兰语简称）在长崎设有贸易基地，他们派员工从长崎来访，从17世纪30年代后期开始，这种访问变成一年一度的固定节目。来访的目的是拜见幕府将军及其高级官员并进贡礼物。长崎屋是为日本桥街景增色的最后一处地点，每年仅在公司职员"参府"期间使用大约3个星期。来访仪式在18世纪90年代结束，那时英国东印度公司加入竞争，导致荷兰人陷入破产的境地。

80
81

　　长崎屋被形容为"红毛子旅馆"，"红毛"是对欧洲人的标准称呼[28]。这个称呼听起来带点侮辱性，但本意并非如此。实际上，这个源自汉语的用词还被认为很精辟。否则，无论来自哪个国家的欧洲人都会被称为荷兰人。由于不受"必须表现敬畏"的约束，许多欧洲游客留下了有关日本的描述，有助于我们了解当时的情况，但是他们对长崎屋的评论大都是负面的。1642年，房子刚刚建好的时候，荷兰公司代表团团长评论说"相当糟糕"，而且"像监狱一样"[29]。1776年，经过多次整修后，一位官员认为房子目前"就其整洁程度可以容忍，但是，作为接待来自世界上如此遥远地方的客人的使馆，达不到我的期望"[30]。除了表现出对日本建筑风格的普遍无知外，他们可能没有意识到此处地理位置的重要性。他们可是住在日本桥旁边的区域啊！

　　荷兰东印度公司每年的到访对江户居民来说十分重要。欧洲人记录下了那一天人们如何蜂拥而来，目瞪口呆地围观他们的景象。一位住在此处的欧洲人写道："外面的街道上从来少不了男孩子，他们不断地喊叫，只要瞄一眼我们的影子，就大吼一声，甚至爬到对面房屋的墙上看我们。"这里也发生过令人愉悦的相遇。此人还说道："起初，来拜访我们的都是国家的饱学之士和达官贵人；之后，甚至连商人和其他平民等也成为我们

图34：《长崎屋》，葛饰北斋作，1802年，彩色木刻版画，选自《绘本东都游》。这是经过多次翻修的荷兰东印度公司在江户的住所，每年仅使用几周。到1802年，随着公司破产，几乎没有人居住，然而北斋认为它仍然是江户的著名景点

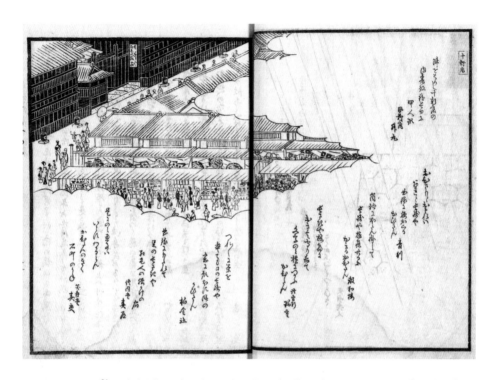

图35：《长崎屋》，歌川广重作，出自天明老人等编著的《狂歌江户名所图会》，1856年，单色印刷本。左上方的黑色建筑就是长崎屋

的客人。"[31]日本桥位置便利，对于有时便装出行的高级官员来说，简直再合适不过了。因为高层大名不能公开结交商人，外国商人和本国商人都不允许结交，而且幕府不愿看到私人关系的建立。对于幕府政权来说，可以把世界远端的人们召集来并使其进贡礼物，是一件值得自豪的事情，平民应该对此表示赞赏，他们很乐意向民众炫耀欧洲人的到来。当然，长崎屋的图像资料很少，准确地说目前可见的只有两幅，并且是在VOC公司的造访逐渐稀少之后创作的作品，而且，那时候长崎屋已经不再是政府活动的场所。这两幅画在本书中都有展示（见图34和图35）。

在江户时代初期，荷兰东印度公司每年冬季造访江户。那个时候恰是火灾频发的季节，1657年，就在荷兰人拜见幕府将军两天后，江户发生了一场大火，肆虐全城，这是非常不祥的预兆[32]。第二年，在同样的拜见仪式举行前一天，又发生了一场火灾，摧毁了长崎屋[33]。这让幕府颜面尽失，因为幕府具有强烈的仪式感，而火灾令外交仪式蒙尘，还表明上天对幕府政权不太满意。从1660年起，参府仪式改到了春天，但是当年还是发生了一场大火，再次烧毁了长崎屋[34]。若非发生火灾，这应该是一年中最美好的时光，天气温暖，樱花盛开。俳句大师松尾芭蕉在1678年记下了仪式时间的变化：

荷兰馆长春天到，
屈膝拜我大将军。[35]

荷兰商人满载礼物而来，因此芭蕉又作了另一首诗：

荷兰人，马套鞍，
也来把花赏。[36]

日本的许多诗歌都包含"季节性词语"，即季语。在上面引用的第一段诗句中，"春天"显然就是这种用法。第二段看起来没有季语，但实际上是有的。在当时，"荷兰人"的日语词就与春天相关[37]。

给住在江户城的荷兰人画像，仅有过一次尝试，那便是西洋派艺术家司马江汉的创作，几乎可以肯定，这幅作品创作于VOC公司停止拜见幕府之后（见图36）。司马江汉用透视技法描绘的场景，可能会导致前文已经提到的问题：城堡不仅看起来很小，而且位于荷兰人的身后。这是不恰当的。于是，司马江汉在画面右侧凭空添加了一面墙，虽然从建筑学上来讲

图36：《江户城的荷兰人》，司马江汉作，1785年，挂轴，绢本设色。很遗憾，透视图将城堡缩小，与荷兰人的裤裆在一个水平线上。为了免遭冒犯无礼的指控，司马江汉在右侧添加了一堵高墙。这面墙在建筑学上毫无意义，但占据了画面的主要位置。画上题有"吃饭是为了活着，但活着不是为了吃饭"。这是荷兰的谚语，但完全符合幕府对谦逊的要求

不可行，但也确保了城堡耸立在外国人的上方，而不是让外国人看起来凌驾于城堡之上。

长崎屋和大钟距离非常近，所以江户民众有时把它们合起来看待。前文歌川广重的画旁题有一首俳谐诗（川柳）：

石町钟声无须译，
荷兰馆长心自明[38]。

此外，还有另一首诗写道：

石町钟，
声声震惊荷兰人！[39]

欧洲人没有留下有关金座的评论，但是有一些关于大钟的评论——考虑到大钟对他们的生活频频造成的影响，评论的数量出奇地少。有一条评论出自东印度公司在1660年第一次春季拜访期间的记录。如前文所述，当时发生了一场大火，这些人被迫逃离。第二天早上回来时，他们的房子已经不见了，"房子周围整个区域，放眼望去，全部化为废墟和灰烬"，而且，"在大钟悬挂的地方——距离我们的住所有四五座房子远——仅仅在那里，就有十二人被烧死"[40]。大约20年后，东印度公司雇用的德国医师恩格尔伯特·坎普费尔（Engelbert Kaempfer）回到家乡，写了一本书，完整记录了他在日本的生活，书名为《今日之日本》（*Heutiges Japan*）。可悲的是，并没有人愿意出版这本书，但是在他去世后，手稿被人发现，后来被带到英国并于1727年出版，书名为《日本的历史》。这本书提供了长达一个多世纪的关于幕府统治下的国家的最可靠的信息。坎普费尔曾两次造

85

访江户，但是他对住所的唯一评论是：附近有一个木制的钟楼，报时的钟声在那里响起[41]。

* * *

日本桥两侧的景色是壮观而有序的江户风景。然而，面向城堡方向的主景观在另一个地方被模仿、复制。幕府一定也意识到了这一点，并且也允许这么做。这种复制行为，或者说是表达敬意的行为，改变了原始景观的含义，并使之成为平民意愿的表达方式。这是一种商业行为，但又不是幕府将军授意下的市场带来的，而是市民自己的精明带来的。这个规划是由江户最有创新胆识的零售商三井越后屋打造的。它的继任者三井公司目前仍然存在。三井越后屋在骏河町靠近日本桥的地方购买了土地。骏河町因其便于观赏富士山美景的绝佳位置而得名，因为富士山位于骏河国。他们沿着街道的两旁建起了商店，规模与日本桥川两岸的商店相当。这不是令人敬畏的权力的扩张轨迹，而是财富的发展轨迹，任何人都可以沿着这种轨迹发展，而越后屋商店拥有种类繁多的纺织品和家居用品，敞开大门，迎接任何潜在的购买者。这里的景观止于富士山，但街道的建造方式使得城堡不再显眼。

作为平民的空间领域，骏河町可以由艺术家任意描绘，而不必担心遭到斥责。《江户名所图会》中就有一个代表性的插图。《江户名所图会》是一套多卷巨著，由斋藤家族经过三代人的整理编纂成书，并于1836年出版，由长谷川雪旦绘制插图（图 37）。它是江户传说和图像的宝库。雪旦的插图证明，与日本桥的景观一样，骏河町的直线排列在透视图中看上去

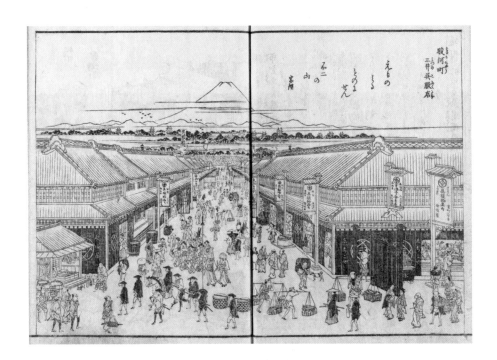

很美，而且不用顾及如何维持城堡的威严这个难题。有一首佚名川柳①，用日语的"浮绘"代表西方的透视法，这样写道：

> 来到越后屋，
> 仿佛进入"浮绘"中。42

葛饰北斋著名的《富岳三十六景》中有一幅画描绘了新年时节的越后屋（图 38）。放飞的风筝上，

图37：《骏河町》，长谷川雪旦作，出自斋藤幸雄等编著的《江户名所图会》，1834年，单色印刷本。这本江户著名景点汇编纪念册表明，这里与日本桥的景观相似，不过商业气氛浓厚

① 川柳是起源于日本江户中期的一种诗歌形式，与俳句格式相近，但在内容、修辞、技法上要求不严格，笔调轻松诙谐，受市民阶层喜爱。——编者注

88 饰有"寿"字，非常应景。多亏幕府保平安，全体江户人民才可以年年欢
庆节日，至少这幅图片有这样的政治性暗示。

图38：《江都骏河町三井见世略图》，葛饰北斋作，出自《富岳三十六景》，1830年—
1832年，彩色木刻版画。富士山白雪皑皑，新年风筝在天空中飞翔，预示着繁荣的新年
即将到来

第三章

圣地江户

89　　日本桥因其纪念意义成为江户的标志性中心，与此类似，在城市的另一个区域，也集中建造了一批建筑，表达着共同的意义。这个地点的宗教意义远大于政治意义，并且修建的目的是神化幕府，而不是彰显其权力。这个象征性的建筑群并不在城市中心，而是建在东北方的风水学上敏感的气门，即"鬼门"。如第一章所述，东北是个很灵异的方向，"气"或魂灵就由此进入城市。江户受到城堡和众多城壕的保护，并因为市中心建造的桥梁而成为仁治之地，而在东北区域建设的佛教寺庙，是对它的又一重保护。

　　日本的风水学也称"阴阳道"，按照风水学说法，东北方向必须加以防护。幕府把他们最忠诚的武士——世袭谱代大名的府邸安置在这里，守护着东北。这种以宗教神化的方式，对东北方向进行防护的做法其实很早就开始了，这也是本章要探讨的主题。

　　将庙宇安置在东北方向是标准的传统做法，日本第一个完整的首都平城京（奈良）在这个方向上建有一座大佛寺，它被极尽赞誉地命名为金光

90　　明四天王护国寺。这个名字冗长拗口，因此至今仍在使用的，是另一个广为人知的名字——东大寺，其实准确地说应该叫东北大寺，因为建寺的目的是在东北向设置一个气门。此后寺庙周围逐渐发展成了一座"外都"，看起来像是城市网格的一种赘生物。平安京（京都）是日本历史上称都时间最久的首都，迁都的原因就是平城京的神职人员权力过大。平安京的东

北部也有一所寺庙护佑，但远离城市，位于市区外约20公里处，而且是建在海拔高度850米的比叡山山顶。这座寺庙也有一个溢美之名，但是含意却大不相同，寺名昭示着佛教应臣服于民权。大多数寺庙的名称都会援引宗教概念，但这座寺院根据其创立的年号延历（782年—806年）而命名为"延历寺"。位于比叡山上的寺院非常豪华，对国家治理起到了至关重要的作用，但是延历寺这个名字将其地位定义在世俗社会之下。

中世纪和内战时期的武士城通常在东北方向建有寺庙，因此江户也应该有一座寺庙。1590年，德川家康在江户建立根据地时，大致在城堡的东北方向，恰好有一座寺庙，而且历史久远。这座寺庙的历史记载不详，但可以肯定这是一座古老的寺院。几个世纪以来，日本列岛遍布着地域性的拜神场所，而这座距江户咫尺之遥、位于大河之滨的浅草小村庄中的寺院，获得了德川氏的支持[1]。寺院被人们称为浅草寺。当德川家康迁到此地时，浅草寺的僧人们感到提升寺院地位的机会来了。寺院恰好坐落于德川家康所建城堡的气门上，这是幸运使然，还是天意如此？德川家康自然要来寺院参观，而寺院的僧人们趁机为他的治国大业提供服务。他们指出，寺庙供奉的主神十分灵验，而德川家康每战必胜，就是神灵法力无边的最好验证。浅草寺的主神为幕府的建立奠定了坚实的基础。

寺里供奉的神像并不是佛陀，而是比佛低一级的菩萨。菩萨又称作"觉有情"，意味着他们在觉悟后并不急于成佛，而是继续遍驻世间，帮助更多人走向智慧。佛教中的菩萨有很多，而浅草寺供奉的是观音菩萨，接引死者往生净土的正是这位菩萨。僧人们断言，这尊神像绝对是神迹圣像，并非凡人之手所塑造。传说两个渔民打鱼时在渔网中发现了这尊神像，两人吓得赶紧把它扔回水中，驾船到了其他地方。再次撒网下去，拖上来的还是这尊神像。同样的事情反复几次之后，两人才意识到，这尊神像是想让他们把它带上岸。他们便将它带到岸上，并为它建了一座小庙。

91

村民对佛教知之甚少，便根据建庙的地点，称其为浅草寺。但是，凭借塑像宝冠上专有的佛像标志，他们认出这尊神像就是观音菩萨。于是，这座寺庙又被称为浅草观音寺。从此以后，这两个渔民外出打鱼总是满载而归，神像的名声也流传四方。一个云游僧人听到这个消息，便来到此地在观音像前举办了建庙后的第一次正式法事。奇怪的是，做完法事后他就双眼失明了。菩萨在他梦中显灵，说不希望自己被人看见，于是，第二天早晨僧人将其密封在神龛中，他的视力也马上恢复了。从此浅草观音便成为"秘佛"之一，与日本其他几尊秘佛一样，只在极少数特别神圣的时刻才显露尊容。

作为保护东北方位的寺庙，浅草寺却也有一些不足之处。由于寺庙历史久远，并不是专为城堡设计建造，所以它对应的方位不准，不是正东北方，而是更偏东一些。另外，浅草寺建在河岸边，而起保护功能的神庙应该建在更显赫的位置。建在山峰之巅的延历寺算是极端的例子，但平城京的东大寺也是建在小山上。此外，虽然观音菩萨接引死者往生净土，拥有大批虔诚的信众，但作为城堡守护者的寺庙，需要供奉的是一尊佛。此类种种不合格条件最初是可以容忍的，但是随着江户的发展，便成了棘手的问题。

为了更精准地满足需求，1625年，一座新寺庙开始奠基修建。当时德川家康已经作古，这项工程由他的孙子德川家光下令实施。德川家光在他的父亲德川秀忠退休后，于1623年被任命为第三代幕府将军。德川家族认为，必须采取重大措施保护自己的城市，使自己的政权神圣化，因此，修建全新的寺庙建筑群是十分必要的。之所以选择在1625这一年修建寺庙，是因为等这座寺庙落成时，将恰逢渔民发现观音像奇迹1000周年。这是僧人们根据观音像奇迹发生在公元645年推算的——实际上也很可能只是事后给神话匹配了一个发现时间而已。新的寺庙被精确地定位在东北方向，建

图39：比叡山延历寺根本中堂，1660年重建。京都东北延历寺的正殿，曾被丰臣秀吉摧毁，但在德川统治时期重建

于小山之上，并在庙中供奉佛陀。

修建工程交由高僧天海负责。天海曾在比叡山的延历寺修行，与德川家康交往甚密。德川家康曾将江户附近的战略要地川越的一座寺院赠予他。寺院当时改名为喜多院（意为有很多喜事的寺院。日语中，用"院"来表示小庙宇），虽然最初规模不大，但它得到的另外一个名字却十分显赫。所有寺庙除了正式名称外还都有"山号"，而喜多院被赐以"东叡山"（即东部的比叡山）的山号。

如此安排便将京都的保护神庙及其悠久而虔诚的传统纳入了德川家康的势力范围，尽管神庙并不在江户。

天海十分清楚，江户城的正东北方向有一片丘陵地带。而此处早已分配给忠诚的谱代上野家族，但他们同意放弃这块地方。此处因此被称为"上野"，

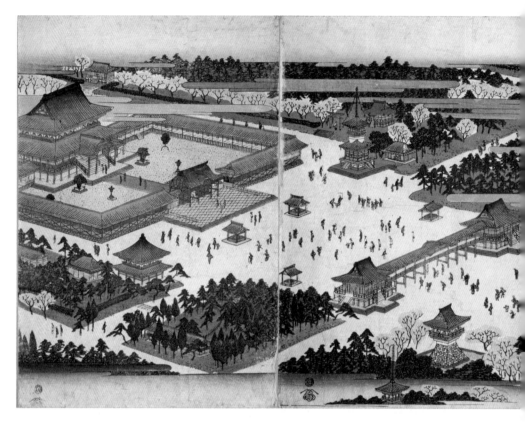

图40：《上野东叡山寺全图》，歌川广重作，出自《东都名所》，1832年—1834年，彩色木刻版画。江户的寺庙效仿了京都城外的守护寺庙的名称和外观

这个名字倒很贴切，因为它的字面意思就是"上部的平原"。为规划中的新建寺庙选定的名称也很有意义，叫作"宽永寺"，宽永（永久的宽仁）是当时的年号（1624年—1643年），是在德川家光就任幕府将军那年颁布的。这与800年前同样以建寺那年的年号命名的延历寺正相匹配。日本的寺庙很少用年号命名，因此宽永寺很显然效仿了京都保护寺的范例。

此类种种相似之处还表现在更多方面。天海在延历寺的同修僧人送来了一尊非常古老而宏伟庄

严的佛像，作为寺里供奉的主神（本尊佛）。据说这是由延历寺的开山方丈最澄制作的。这位有名的高僧曾在唐朝前往中国求学，声望极高。史上没有关于他会雕塑的记载，因此佛像由他亲手制作一说并未得到承认，但在当时，这种关联一定使宽永寺受到了特殊的尊重。这尊佛是药师如来佛，也是延历寺供奉的本尊佛，因此宽永寺在这一点上也与之相匹配，即庇佑江户的与庇佑京都的是同一个佛（佛有很多，不止一个）。寺中修建了一座巨大的中央大殿来安放佛像，称为"琉璃殿"（意思是"青金石殿"），因为与药师佛关联的颜色为青色。

　　这个大殿还有另一个名字，叫"根本中堂"，延历寺的佛殿也叫这个名字，或者说，曾经叫这个名字。延历寺的根本中堂在内战中被毁，已经不存在了，佛像暂时安置在其他地方。作为江户神圣化的一个组成因素，幕府借用了首都的光环，但同时也将首都的寺庙纳入规划。修建宽永寺的工程开始后，德川家光也拨款开始重建延历寺。两个大殿都宏大无比，因此耗费很多年才建成。延历寺的根本中堂花了八年，而宽永寺的根本中堂直到1697年才完成（图39和图40）[2]。宽永寺得赐"山名"为"东叡山"（东方的比叡山），因此，喜多院的这个山号便被撤销了（得到了适当的补偿）。天海被任命为第一任住持。现在幕府已经拥有了一座完全符合要求的守护寺，既是京都守护寺的镜像，又是它的替身。

94
95

宽永寺专供幕府使用，幕府每年捐赠5600石的供养，比起浅草观音寺获得的500石赠予，真够慷慨大方了。浅草寺则转给平民使用，由于需要开展商业活动以维持经济生存，浅草几乎变成了集市，甚至商店都开到了寺院的场地内。大多数平民家庭在浅草这里拥有墓地，或者要在这里修建墓地，因此游人本来就熙熙攘攘，而发现观音像后，众人更是蜂拥而入。这种气氛与宽永寺佛殿内的宁静庄重形成了鲜明对比。两座寺庙分别满足了江户不同社会阶层的需要，而且它们共同构成了整个东北地区的神圣之地，其辐射面积几乎覆盖了一个圆面的四分之一。不久，郊区的浅草和上野便与江户结合在一起，合为一个城市群。

图41：《浅草寺》，长谷川雪旦作，出自斋藤幸雄等编著的《江户名所图会》，1834年，单色印刷本。画中这座当红寺院里挤满了朝拜者和游客

这两座寺院在氛围上的差异，在一本畅销的江户指南画册中可见一斑，我在第二章中提到过这本画册，是斋藤家族历时三代编纂的作品。插画家长谷川雪旦描绘了浅草寺游客络绎不绝的景象。人群中有朝拜者、有游客，也有只是来享受户外活动并四处闲逛的普通人。相比之下，宽永寺空空荡荡，只有一个官方随从走过一片开阔地带，庙宇建筑在云雾缭绕中若隐若现（图41和图42）。

寺庙之间距离很近，必然产生竞争，浅草寺的僧侣，对自身地位下降尤其感到不满，毕竟是他们早先成功地辅佐过德川家。幕府并没有忘记欠下的人情债，但必须优先考虑自己的机构，因此宽永寺

图42：《宽永寺》，长谷川雪旦作，出自斋藤幸雄等编著的《江户名所图会》，1834年，单色印刷本。这座名寺是举行高规格官方仪式的地点，画中表现的寺院宁静庄严，云雾笼罩，一位稳重的官方随从正走过前庭

96

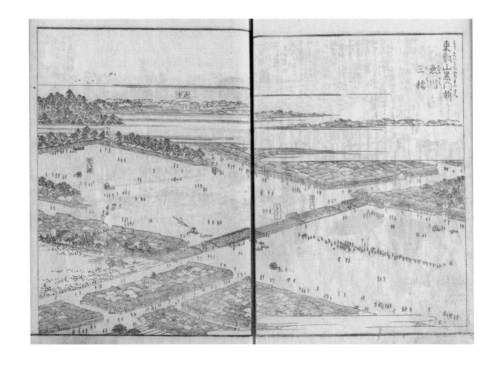

在等级地位和财政方面都享有优先权。1647年，天海去世，享年109岁，寺庙需要继任者，幕府要求由亲王来担任住持（即门迹）。位于京都的某些著名寺院长期以来享有一项特权，即由法亲王或皇家指定的成员做住持。时任幕府将军是德川家光的儿子家纲，他要求宫廷接受宽永寺加入这一神圣的皇族血统。后光明天皇对这个要求一定感到很震惊，不过经过谈判，最后由他的兄弟法亲王守澄来到寺院做主持。此后在江户时期，宽永寺的住持都由皇子来担任。

在住持这方面，浅草寺永远也不可能比得上宽永寺。尽管他们勉强接受了自己的地位，但竞争还是日益恶化。1685年，浅草寺住持因造反而被罢免。后来在1740年，浅草观音寺的住持职位被废除，掌门被降了一级，并且被要求从宽永寺的僧人中挑选担任。相比之下，上野的皇族住持已然晋升为令人称心如意的神职，而且生活肯定比在京都时更令人激动。同时，他还将充当协调宫廷和幕府之间的权势斗争以及缓和紧张局势的幕后中间人。

* * *

借用了延历寺和比叡山的名称后，幕府又要进一步提升宽永寺的地位。距京都不远的地方有个琵琶湖，它是日本最大的淡水湖，具有重要的历史意义。湖中央有一座圣岛，叫竹生岛，岛上有一个古老的寺院。上野山山脚下也正好有一个天然的池塘，于是被叫作"琵琶东湖"，虽然这个名字并未实际使用，但湖中又建了一个小岛，叫"东竹生"。岛上建了一座神社，通过一条短堤与岸边相连，祭祀的神灵与竹生岛上供奉的一样，即辩才天，也称妙音天女，是印度教的艺术女神（图43）。

援引延历寺和比叡山的原因很明显，但是琵琶湖和竹生岛的相关意义

图43：《不忍池》，歌川广重作，出自《江户名所》系列，1854年，彩色木刻版画。不忍池由一个小池塘扩建而成，是京都附近的琵琶湖和竹生岛的翻版

似乎并不大。其背后的推动因素很有可能是一部能剧。有一部名为《竹生岛》的佚名能剧作品，讲述了一位古代的朝臣，前去一座小岛上的神社祭拜，神社就叫"竹生岛神社"。他在神社遇见了一个女人，女人吃了一惊，高声宣布说："我是辩才天女。"女神居然已经来到了日本！她解释说："我住在这个岛上，保护众生。"[3]话音未落，响起了美妙神奇的音乐，女神随音乐起舞，一直跳到夜幕降临。这时，一条龙从湖中现身，赠给朝臣一颗宝石，然后又消失在水里。对于德川氏来说，这个故事对于树立他们的特殊地位有着至关重要的意义。在其他版本的故事中，这个朝拜神社的朝臣叫平经正。平经正是武将平清盛的外甥，也是著名的琵琶

98

图44：《平经正在竹生岛神社弹琵琶》，铃木守一作，19世纪下半叶，两曲折叠屏风，绢本金底设色，145厘米×164.8厘米。传说，这位儒雅的武士曾在一场大战之前去琵琶湖的岛上祭拜，但最终战败

99

高手。他于1184年来到神社，为打败源氏祈祷。但是源氏并没有被击败，相反，平经正被杀，而源氏家族在镰仓开创了第一个幕府政权[4]。这是历史事实。镰仓离江户不远，而且德川家族号称源于源氏家族，并把源氏幕府当作自己的祖先。对于江户的观赏者来说，女神和巨龙的出现暗示着德川氏的先辈源氏的成功来自上天神秘的承诺。高贵儒雅的平经正结局非常悲惨，但这一命运却不可避免。平氏家族在史册上的记载只能是一个介于勇武善战与温文尔雅之间的武士家族。

能剧很少制作成图片，而公开描绘德川氏祖先的图画则违反了"形象缺席"的规定：他们的事迹可以用能乐来歌颂，但决不能轻率地描绘出他们的形象。目前已知的有关《竹生岛》这部剧的所有图像均明确地表示那位大臣就是平经正，但都创作于19世纪幕府时代终结之后（图44）。

把竹生岛及其神社照搬到江户是幕府将自身及其城市神圣化的另一种方式，同时也是从他们最后推翻的劲敌手中夺取权力的一种手段。1615年之前，丰臣氏一直控制着大阪，而且丰臣秀吉不断扩张势力范围，并对竹生岛给予资助。神社的大殿都是丰臣秀吉遗赠的礼物。丰臣秀吉的继承人丰臣秀赖纪念父亲的方式也是上演能剧《竹生岛》（这抑或是辅佐大臣们的做法，因为他当时还是个孩子）。作为第一代江户幕府将军，为了彰显自己的权力，德川家康捐赠了一个通向竹生岛神社的正式的大门[5]。这个神社只能通过德川家建造的入口进入。

江户的琵琶湖被命名为不忍池，不忍池以及池中小岛上的神社于1642年同时建成。后来，其他一些京都的参照物也逐渐增建。尽管公众无法进入宽永寺的主要大殿，但寺院其他外围场地却允许民众参观，游客可以在山上的绿地公园漫步。幕府在这些区域集中修建了其他一些参考了古代名胜和圣地的建筑。

参观过京都的游客无不赞叹建成于公元778年的清水寺（其名称因不带神学色彩而与众不同）。寺里供奉的是观音菩萨，是一尊"秘佛"——这是一座真正的秘佛，因为它已有数百年未现身。寺庙的名字来自音羽瀑布，据称瀑布的水可以治病，泉水被引入三个出水口，游客们可以在下方沐浴祛病。最令人叹为观止的是本堂前建在陡峭悬崖上悬空突出的清水舞台。它高高地耸立在树梢之上，旨在使信徒们产生一种超凡脱俗的空灵感，仿佛在飘向观音所居的补怛洛伽山。

历史上，清水寺（图45）至少九次被烧毁，但是佛像每一次都被抢救下来。1469年大火过后，当时的幕府将军足利义正资助了寺庙的重建。1629年，江户修建宽永寺时，清水寺再次被烧毁。住持绝望之下，展出了"秘佛"以鼓励信众进行捐赠。德川家光非常了解幕府的先例，也介入了寺庙的重建活动，不过他是要在江户进行重建。于是，宽永寺内重建了缩小版的清水寺，没有瀑布，但包含了悬空舞台。由于它本身不能算一座庙宇，因此被称为清水堂。清水堂位于宽永寺的最高点，可以俯瞰江户的壮阔景

100

101

图45：《清水寺》，狩野松荣作，出自《首都名所及传奇人物》，16世纪中叶，扇面画，纸本金底设色。扇子是夏天必不可少的，而且装饰精美。这幅扇面描绘了京都最受欢迎的寺庙之一，画作原来可能有一整套，这只是其中的一部分。注意，寺庙里悬空的清水舞台在左边，音羽瀑布在右边

图46：《清水堂》，住吉具庆的门人作，出自《上野春天赏樱图，从广小路（南）到山野神社（北）》，1716年—1736年，一对手卷，纸本金底设色。在宽永寺众多建筑中，有一座京都清水寺的缩小版复制品，包括著名的悬空舞台

色，从而仿佛将这座幕府城市变成了补怛洛伽山（图46）[6]。等到江户的清水堂完工后，德川家光才提供资金来重建京都原来的那座建筑。江户再一次模仿并取代了它的原型。清水寺住持的感激之情可能并不那么纯粹，但是他仍然送来了寺里最好的一尊佛像，也是一尊"秘佛"，安放在江户的大殿中。1698年，清水堂被移至现在的位置，虽然不再那么壮观，但如今游客可以在此俯瞰不忍池和辩才天神社。

清水寺在江户还经历了第二次复制。虽然与东北方的气门无关，但也值得一提。这一个复制品更小巧，空间尺寸只够一个人坐在悬空舞台上。它建在水户一个大名的别墅里，他家备受赞誉的花园——后乐园，至今仍然存在。大殿已经荡然无存，但有一个现代仿制的模型（图47）。水户的藩主是德川氏的旁系，其地位相当于幕府副将军。他们在1629年开始建造花园——也就是说，在京都的清水寺烧毁的那一年。目前还不确定这座微型清水堂是什么时候建成的，但它位于花园的最高点，建在一个可以俯瞰花园风景的巨石悬崖上，为水户的大名们提供了一个私人的补怛洛伽山。

京都的清水寺里有一个神社，年轻女人会去那里祈祷求得良婿。据说如果女人选中的伴侣不从，她可以从悬空舞台上跳下来，强行改变命运之神的安排；如果她侥幸活下来，观音就会令男人回心转意。有许多故事讲述的都是此等舍身求爱的女子。情人的纵身一跳并没有照搬到江户，而且舞台的高度也不足以构成多大的考验。然而，江户的游客们总会想起京都那些绝望痴情的姐妹们。正如1760年左右，一位佚名诗人在另一首川柳诗中描述的那样：

清水的骤雨，

看样子也要飞起来了。[7]

102

图47：后乐园的清水堂模型，20世纪80年代。这座仿清水寺的缩小版复制品建造年代未知，但它是建在德川氏一个旁系家族的花园中

这句川柳显然是在雨中所作。

著名的江户艺术家铃木春信描绘过很多女子，她们站在舞台上，似乎在思考下一步行动，甚至马上就要飞身跳下。春信只描绘家乡的景色，因此，他至少在想象中把情人的飞身一跃转移到了江户（图48）。

***

日本第一个完整的首都平城京（奈良）在东北方向建了一座守护寺，开创了一个明确的先例。东大寺内有一尊巨大的佛像，高约16米。佛像铸造于

图48：《年轻女子举
着伞作降落伞从清水
寺的舞台上跳下》，
铃木春信作，1765
年，彩色木刻版画。
据记载，年轻女子会
从清水舞台跳下来，
因为她们相信如果能
活下来，就会赢得
爱情

公元752年，虽然年久失修，但仍然很壮观。与之地位相当的京都延历寺
没有大佛，但1588年丰臣秀吉向鸭川对岸新建的方广寺院赠送了一尊大
佛。关于这尊佛像的大小没有确切记录，但丰臣秀吉所建的大佛殿有20
米高，是日本有史以来最大的独立木制建筑，因此佛像的高度不可能低
于15米。

　　在平城京大佛和丰臣秀吉所赠的大佛建造之间的时段，源氏家族也
于1252年在幕府所在地镰仓建造了一尊大佛。自然，随着德川幕府政权的
巩固，他们也要造一尊大佛，把它安放在宽永寺。建造工作始于1631年，
资金并非来自幕府本身而是来自德川家康最忠诚的盟友之一堀直寄。他希
望大佛能保佑德川氏和丰臣氏家族的逝者安息。但造出来的大佛相当小，

图49：图5右屏的局部细节——"大佛"。江户大佛不是很大，但是立在一个小丘上。后来得以重建，并给它建了一座殿

只是由于设置在一个土墩上，增加了一些高度。在收藏于国立历史民俗博物馆的江户屏风上可以看到这尊佛像（图49）。有记录称，这尊佛像原本是泥塑的，但如果是泥塑，很难理解它是如何幸存下来的。不管是什么材料做的，佛像在1647年的一次地震中损毁，几年后被替换，尺寸更小，只有5米高，但是材料换成了耐久的青铜。1698年，上野的亲王住持捐赠了一座大殿，把佛像围起来。这尊佛像后来在1841年也损坏了。今天幸存下来的只有大佛的面部，孤零零地嵌在混凝土中（图50）。

图50：江户大佛面部，佚名作，1647年，铜制，东京上野公园。如今，幸存下来的只有佛像的面部，它被包裹在混凝土中，佛像前面仍然摆有法器

***

如果说清水寺是京都最令人惊叹的一座高层建筑，大佛是京都最大的神像，那么莲华王院则在长度上最令人赞叹。寺庙的主殿长达120米，供奉有1001尊观音立像。大殿建于1164年，在1249年的大火中烧毁，但其中几座观音像被抢救出来，又新增了一些雕像替代了烧毁的那些。新塑像的雕刻风格与佛像大师湛庆工作坊的艺术风格完全相同。1266年，一座新的大殿建成以供奉这些观音像。大殿也是首都最古老的建筑之一，与其中的塑像一起完好地保存至今，通称"三十三间堂"。"一间"指的是两个梁柱之间的间距，大约有2米。

于是，1642年，江户也修建了一座三十三间堂（图51）。它不是由幕

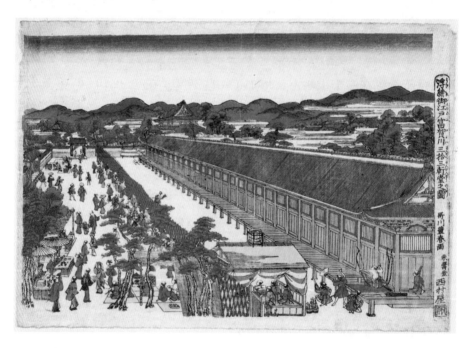

图51：《浮绘江户富贺川三十三轩堂之图》，歌川丰春作，1770年代，彩色木刻版画。透视技法使得丰春描绘的建筑具有惊人的逼真效果。这件作品是反印的，所以应该在镜子中观看，以增强其写实效果。图中的弓箭手试图射出相当于三十三间堂长度的射程，而不碰到建筑的梁柱

府赞助的，甚至也不是某个忠诚的盟友赞助的，而且不在宽永寺内。它仍然建在东北部，但却是建在浅草寺内，资金募集自老百姓。这座大殿和京都的那座一样长，但宽度只有它的一半，里面只有一尊观音雕像。其实，复制的重点并不在于建筑物或雕像，而是发生在三十三间堂的一件大事。大约从1610年开始，京都的三十三间堂每年举行一次射箭比赛，参赛者坐在走廊上射箭，射程为整座建筑的长度，须从这一端击中末端的靶子。要做到这一点而又不碰到屋檐简直太难了，射手必须非常强壮才能成功。1686年，一位名叫和佐大八郎的人接连射出了13053支箭，其中8033支射中了目标[8]。江户的三十三间堂是在这项壮举之前建造的，但也是为了举行类似的比赛，据说有一位射箭大师（名字不详）曾请愿准予建造三十三间堂并筹集资金。在首都，射箭比赛仅限于在大殿背面举行，因为这属于非宗教目的的活动。但在江户，射箭比赛才是重点。

107
108

　　1644年，竣工后不到18个月，三十三间堂就被搬走了。显然，因为没有按预期募集到足够的资金，那位射箭大师无力支付木材商的货款。然而，木材商看到了射箭比赛的潜力，将这座建筑移到河对岸，并在深川（也称富贺川）的居民区重新立起来，一直到1698年被大火吞噬。另一个木材商在附近获得了一块地并建造了另一座三十三间堂。1839年，一个10岁的男孩在10个小时内射出122015支箭（每三秒就有一支箭射出），只有255支未射中目标，这是一个真正令人惊叹的壮举[9]。十几年后，歌川广重将这第三座大堂收入了1850年出版的画册《江户土产》。随后，他在1856—1859年间创作的彩色画册《名所江户百景》中再次使用了这幅图像，但是当时这座三十三间堂已经毁于1855年的地震，荡然无存（图52）。歌川广重并没有表现比赛的场景，他笔下描绘的大殿呈一个上升的角度，给人一种箭在飞行的感觉。

　　关于江户对京都诸多神圣地点的各式各样的僭取，存在着大量的议

图52：《深川三十三间堂》，歌川广重作，出自《名所江户百景》，1857年，彩色木刻版画。江户仿制的这座三十三间堂，更多的是为了娱乐而不是拜佛。广重描绘的大殿向上倾斜，像一支箭一样，以呼应在这里举行的射箭比赛

109

论。但很少有议论具有下结论的性质，而且，贸然作出评判也是不恰当的。我们不知道平民是否能正确地理解其意图所指，也不知道京都的僧侣是感到被认可还是觉得被轻视。多亏了一种俳谐诗体，即川柳（前文提到过）的兴起，我们才对此有所了解。1765年至1840年间，江户每年都会出版这些描述都市风尚的佚名短诗[10]，其中一首以双关语描写了东北部的两座寺庙——宽永寺和浅草寺。它的幽默源于一种广泛使用的铜币，即"宽永通宝"，这种铜币最早是在宽永年间铸造的，与寺庙同名。因此，诗人将铜币与浅草寺的山名"金龙山"联系起来，这样写道：

在江户可以看到的东西，
不过是"铜币"和"黄金"。[11]

诗人假装对江户嗤之以鼻，认为江户没有名胜古迹，嘲笑江户人痴迷金钱。但大多数川柳其实都

是自我肯定的陈述，在诙谐的调侃中带有一点儿赞美。另一首川柳表达了相似的观点，再次拿宽永寺和浅草寺打比方，但将它们与京都的两座寺庙进行了对比。京都的这两座寺院没有被仿制，但是也闻名四方，它们就是金阁寺和银阁亭：

金银，
装饰着珠宝座。
铜币，
装饰着大腿。[12]

"珠宝座"是天皇的座位，而江户则是"幕府的大腿"。京都美丽的寺院与江户肮脏的钱币形成鲜明的对照。但是，江户人就喜欢这样看自己。另一首川柳也提到了金阁寺和银阁寺：

京都的寺庙，
经过货币转换，
建在了江户。[13]

这些诗句的语气都带有一丝蔑视意味，但川柳的主旨就是蔑视一切，调侃戏言而已。

***

东北部是最需要得到保护的地方。在作为净化屏障的寺庙后面，幕府安置了任何城市都离不开，但又会造成污染的东西，就是他们所谓的"恶

110

所"。虽然这些地方会污染"气"，但东北方位能够确保所有的负面影响都会被接下来通过的地方消除干净。

"恶所"总是让人联想到暴力、死亡和仪式化的污垢。其中最突出的是江户的刑场——"骨原"。现在它已经消失在上野车站的铁路线下，但通往骨原的街道仍然在，叫作"骨通"。为罪犯们举行临终仪式的那座寺庙，现在也还在，具有讽刺意味的是，寺院叫作延命寺。其他的"恶所"包括屠宰场、制革厂和皮革加工厂等。有世袭的"贱民"专门从事这类工作，他们被残忍地称为"非人"，被迫居住在浅草以外的一个小村庄千住。如今，尽管这种歧视在日本已不再合法，但千住仍然是东京地价最便宜的地区之一，到处都是销售鞋子、皮带和手提包的商铺。

1657年大火过后，江户的官方娱乐区吉原也被降格划入这里。卖淫归类为"恶"并非出于色情的缘故，幕府本身对于纵欲放荡的态度也是模棱两可。嫖妓之恶在于其奢侈无度，而且性交易的本质缺乏"诚意"，这是不道德的。妓女们靠着蒙骗欺诈的手段，口口声声忠贞不渝，但目的只是为了以此换取金钱，那些在她们身上挥金如土的客户自然也心知肚明。但幕府认为，把金钱和精力挥霍在这方面实在是极大的浪费。

到了江户时代晚期的1841年，剧院也搬迁到这里，在寺院外很远的地方。歌舞伎的舞台也是一个毫无真诚可言的地方，演员们说着台词，一会儿笑一会儿哭，一切都是剧本的安排。相比之下，能剧剧场是一个"诚意"十足的半宗教活动场所，因此不属于"恶所"。

***

东北是气进入的地方，气穿过城市之后从西南方离开。如果东北是"表鬼门"，那么西南就是"里鬼门"。平城京（奈良）或京都都没有在这个出口处建立保护机制，但江户这样做了。这也许是因为真正的危险可能就来自这个方向：毕竟这里是东海道进入江户之处，真正的警报很可能就发生在这里。江户在此设立了一组机构，与相反方向的区域对应，对气再次进行净化，以确保毗邻城市的乡郊也干净无邪。焦点还是两座寺庙，一座为平民百姓而建，另一座供幕府使用。

德川氏于1590年取得江户，之后，他们很快便采取了一些措施来满足家族的精神需求。佛教大致划分为几个不同的宗派（禅宗可能是其中最著名的）。德川氏信奉净土宗，这意味着他们供奉的是观音，这也解释了他们最初对浅草寺及其观音塑像所表现出来的热情。但是，浅草观音寺不够正宗：虽然供奉着观音像，但实际上它属于另一个宗派——天台宗。它旁边的宽永寺也属于天台宗，因为它仿的是京都东北部的保护寺庙——天台宗的延历寺。因此，德川氏没有合适的庙宇来满足家族的需求。

1598年，德川家康下令将一座净土宗寺院迁移到江户，作为他的守护神庙，即菩提寺。这座灵庙为德川家族祈祷，并容纳了家族中武将及其妻儿们的坟墓，自1603年起的幕府将军们也葬入此庙。寺庙的位置很显眼，从首都来的旅客在抵达时一眼就可以看到它，因而增强了德川氏在这个城市留下的印记。

德川家康本可以捐赠修建一座全新的寺院，但也许历史感在他看来更重要。于是，他搬迁了一座年代久远的寺庙，这座寺庙曾于1385年进行过重建，那年寺庙的名称从"光明寺"改为"增上寺"。住持由存应上人担任，后来他还获封国师的最高称号[14]。增上寺的"山名"是三缘山，其中"三"代表的是佛陀、佛法和僧伽。但是这个"山名"打动了德川家康，因为它也可以有另外的解释。德川氏来自三河国（靠近现代的名古屋），三缘山因此可以释义为"与三河有缘的山"。这个名字似乎预示着德川氏有一天会离开三河，来到这里建立统治。

111
112

搬迁后，增上寺进行了大规模的扩建，可
以容纳3000名僧侣，获得的资助超过10500石。
1622年，即退位的前一年，第二代幕府将军德
川秀忠捐赠了一座巨门，至今仍巍然屹立，是
东京最古老的建筑之一（插图53）。他还赠送
了一套珍贵的《三藏经》印本，这是一整套佛
教经藏，也是另一个与"三"有关的物件。这
套经藏体量庞大，没有几个寺庙能够拥有这么
一整套，而且还有一个转轮藏收藏这些经书，
这座藏经阁也保存至今（插图54）。

增上寺原供奉一尊主佛，但在德川家康死
后，又获赠了另一尊。这是德川家康亲自供奉

113

图53：《三园山增上寺
图》，昇亭北寿作，出自
《东都》系列，1818年—
1830年，彩色木刻版画。画
中描绘的是德川家族在江
户的灵庙，或者更确切地
说是藏在大门后的灵庙。
在画面的中心，北寿描绘
的是一个平民正恭敬地向
一名武士鞠躬，这表明在
这里最重要的是遵守礼仪

过的佛像，而且惯常在征战中随身携带加以供奉。这尊佛像代表的是净土宗教主阿弥陀佛，观音菩萨为其胁侍。据说这尊佛像是由公元10世纪的净土宗高僧源信亲手制作，他于公元985年所著的《往生要集》是部经典著作（但现代人并不认为源信曾经造过佛像）。至关重要的一点是，据说这尊佛像曾由第一代镰仓幕府将军源赖朝供奉。几百年的香烛供奉令佛像布满了烟灰，因此这座阿弥陀佛被称为"黑本尊"。传说，在德川家康最关键的一场战斗中，他的部队眼看就要落败时，一位黑武士出现了，他斩杀了众多敌军却毫发无伤。战局因此得以扭转，德川家康大获全胜。他问手下的将领这位英雄是谁，但没人知道。回到营地后，德川家康打开神龛祷告、感恩，却发现佛像不见了。原来，那位黑武士便是佛陀化身，是佛像保佑德川氏赢得了胜利。后来佛像返回神龛中，受到了人们的顶礼膜拜，并被尊为"秘佛"[15]。如今，佛像每年三次公开显露真容，吸引了大批民众前往增上寺朝拜。

在西南方向建了这座官方神庙后，幕府开始设想建造一座相应的、大众化的寺庙。前往京都的旅行者想要购买吉祥物和护身符，而来到江户的人也

图54：收藏《三藏经》的转轮藏，1625年，东京增上寺。当时，很少有寺庙拥有全套佛教经藏，因为佛经的印数很少。佛教徒不能真正地阅读佛经，而是通过推动转轮藏来阅读

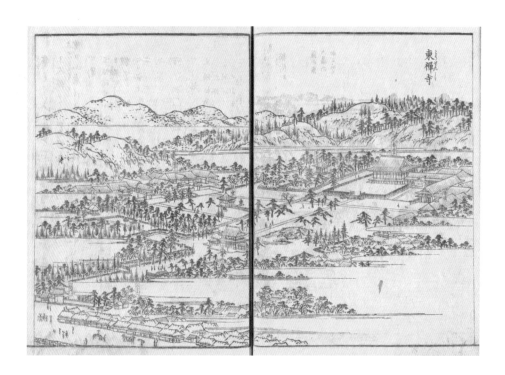

图55：《东海寺》，长谷川雪旦作，出自斋藤幸雄等编著的《江户名所图会》，1834年，单色印刷本。这座寺庙守护着"里鬼门"；游客众多，大多数是沿着长达500公里直通京都的东海道旅行的人

需要拜佛感恩。因此，1633年，幕府敕令建造一座寺庙，并给它起了另一个不同寻常的名字：东海寺，即东海道之寺（图55）。在江户的主要寺庙中，一直没有禅宗传法的道场，因此东海寺就被定为禅宗寺庙。寺院建成时，德川家光邀请来自京都的著名僧人泽庵宗彭做寺院的首任住持，泽庵宗彭最初是一位净土宗僧人，后来改奉禅宗，并成为首屈一指的禅宗寺院大德寺的住持。泽庵宗彭因不为德川秀忠所喜，曾被流放，但德川家光素来以违背父亲的愿望而闻名，他在德川秀忠死后赦免了泽庵宗彭。泽庵宗彭得到平反，来到江户担任了住持。德川氏是信仰净土宗的佛教徒，但大多数武士家庭

都信奉禅宗，因而泽庵宗彭赢得了大批信徒的追随。他阐释的很多佛教理念从此成为禅宗的核心思想，代表作《不动智神妙录》至今仍在传阅，英译本名为*The Unfettered Mind*。据说，泽庵宗彭邀请到了江户时代最著名的园林建筑师小堀远州为这座禅宗寺庙进行规划设计。如果此言不虚，那东海寺就是小堀远州在江户唯一的作品。

泽庵宗彭出身农家，一生致力于弘扬佛法。幕府建立东海寺普及佛教的意图与他不谋而合。他曾修习过两种不同的佛教宗派（这很不寻常），因此摆脱了教派偏见。泽庵宗彭最著名的成就是发明了一种廉价而营养丰富的腌渍萝卜，至今仍被广泛食用，并被称为"泽庵"。这种腌渍萝卜便于旅行时随身携带，肯定挽救过许多倒在路边奄奄一息的人的生命。泽庵于1645年去世，他的墓碑现仍存世，雕刻出的形状像一块制作"泽庵渍"的压菜石。

德川家康被安葬在江户之外的日光大道，德川家光后来也葬在那里，但是第二代幕府将军德川秀忠于1632年被埋葬在增上寺。虽然那座令人惊叹的陵墓在二战中被毁，但是有照片留存下来。后来，又发现了一个大型的建筑模型，有些令人难以置信的是，这个模型属于英国皇家的收藏。2016年，它以永久租借的方式被归还给增上寺（图56）[16]。增上寺的僧侣知道，家光曾表达过意愿，要葬在日光大道的德川家康旁边，但僧人们强烈反对这一愿望。在给他举办过葬礼之后，他们一度打算拒绝交出尸体，只是在得到未来的幕府将军都葬在他们寺里的许诺后才最终妥协——这个诺言（如果曾经许过的话）后来也反悔了[17]。第四代幕府将军德川家纲被葬在了宽永寺，第五代将军德川纲吉也是如此。从那以后，将军的墓葬的所在地在宽永寺和增上寺之间交替。这个双重运作系统，确保了幕府将军的陵墓在城市的大门和后门处进一步净化了"气"。

115
116
117

图56：德川秀忠陵墓（1632年）中的台德院中央大殿模型，1909年—1910年，木制涂漆，铜合金，彩绘并部分镀金。该陵墓在1945年被战争摧毁，后来，它的模型在伦敦被发现，并被永久租借给了增上寺

***

江户还仿建了京都的其他一些圣地，但并不注重其地理位置的重要性，而是注重其匹配度。例如，爱宕山是位于京都的一座陡峭小山，山顶有一座重要的神社，供奉着爱宕的化身（权现）。化身（权现）是源自佛教神祇的神道教神，爱宕的化身（权现）源于地藏菩萨。江户中部有几座山，其中一座被确立为爱宕山。江户的爱宕山仅有30米高，虽然不是很高，但它的确可以纵览绝佳的风景。

118　　歌川广重在前文提到过的《江户土产》中对爱宕山进行了描绘。他表现的是正在进行的一个仪式，这是江户特有的仪式，并非抄袭自京都。图中，一位老人举着一个巨大的米勺，按照说明文字的解释，这是在祈求五谷丰登。正如他处理三十三间堂那幅画那样，歌川广重将此画也循环利用，收入了他的《名所江户百景》图集（图57）。

江户的爱宕山还有另一项传统仪式，这个仪式是盗用来的，但不是源于京都的爱宕山，而是源自京都外的另一座小山——高尾山。在这个仪式中，朝拜者在山上把陶瓦投进下面的山谷。同样，江户人也以"投瓦片"的方式抛却自己的烦恼，正如铃木春信所描绘的那样（图58）。

最后，还有一个从其他城市借用宗教圣地的实例——这个城市不是京都，而是大阪。选择大阪是因为当地的信徒搬迁了，但是他们又不想失去他们惯常供奉的神祇。江户拥有丰富的渔业资源，但渔民并不多，所以随着城市的发展，德川家康为大阪的渔民提供了良好条件，让他们在江户重建自己的家业。他在江户湾划出了两个小岛，和大阪人的家乡差不多，由于他们的故乡在佃岛，因此江户的这两座岛也被称为佃岛（图59）。另一首川柳这样写道：

119

> 江户地图上，
> 多了几个点：
> 那就是佃岛。[18]

这两座岛屿在江户湾中看起来就只有针尖那么大。1644年进行的填海工程将两座岛连在一起，将空间扩大到长宽各约200米，可容纳30户左右的家庭[19]。

渔民家庭带来了他们供奉的住吉明神。"明神"是神道教的神，也是佛教的神，类似于"权现"，只不过佛教和神道教的"明神"是平等的。明神以前在大阪佃岛的神社并没有专门的建筑，也没有供奉仪式，但搬迁到江户后不久，背井离乡的渔民家庭创立了一个仪式，每三年举行一次，日子就定在德川家康邀请他们来到江户的那天（六月的第29天）。

图57：《芝爱宕山》，歌川广重作，出自《名所江户百景》，1857年，彩色木刻版画。为了与京都的爱宕山相对应，江户的一座山丘也被命名为爱宕山。 站在山顶，城市风光尽收眼底，因此游客众多

图58：《悬崖上掷瓦片》，铃木春信作，1766年—1767年，彩色木刻版画。从悬崖上把瓦片扔下去以消除烦恼，这种习俗从京都传入了江户

这位明神是渔民的保护神，同时也兼任诗神。这种奇特的身份组合来源于15世纪初期最伟大的能剧作家世阿弥创作的一部能剧，该剧讲述了唐朝大诗人白居易来日本的故事。白居易的英文名字有时拼写为PoChü-i，日语名字是白乐天，这也是该剧的标题。剧中叙述的并非真实事件，故事讲的是，白居易坐船驶近大阪，停在住吉明神的神社前。白居易此次是奉唐朝皇帝之命前来测试日本的诗歌创作技巧，唐朝的宫廷认

图59：《佃岛归帆》，歌川丰广作，出自《江户八景》，1790年代，彩色木刻版画。日暮余晖下，船只返航回到渔岛。佃岛这个名字取自大阪的渔岛

为日本人的诗歌艺术水平肯定不高。白居易站在船上，不愿屈尊上岸，并向他见到的第一个日本人发起了挑战，要与他赛诗。因为那人是个渔夫，这个举动有失公允。但实际上，渔夫就是住吉明神，他创作了一首绝世之作，令白居易惊讶不已，从而捍卫了日本人的荣誉。重要的是，这次赛诗的意义并不在于技巧，而是通过明神使用日语作诗——当时的日本上层精英通常用汉语作诗——来表达日本期望作为一种独立的文化体得到认可，同时仍然尊重汉文化的规范的思想。在剧中，白居易也对此表示赞同。这场交锋偶尔也会出现在绘画的主题中（图60）。住吉明神的神社通常建在海边，所以明神逐渐与渔业和文学关联在一起。现在在江户，也有了一个住吉明神的神社。

　　1793年，这种大规模的借鉴又增加了一个重要的新成员。一群富有创新精神的平民百姓认定他们的城市需要在西南方建第二座大佛来与东北方向的大佛呼应。幕府没有批准这个计划，但也并未表示反对，至少在最初的时候不反对。于是，一座佛像在海晏寺建立起来，靠近东海道，参观游览十分方便。但是，建造佛像所用的材料匮乏，不要说铜，甚至木料都没有，因此用编织工艺制作了一尊大佛。这样的佛像尽管不能长久保存，但可以速成。令人赞叹的是，大佛高40多米，比任何既有的大佛都高。据记载，朝拜者蜂拥而至。这座大佛没有留下任何图片，只留下一个民间传说，戏说了这尊佛像的传奇来源。很多佛像都有类似的"演义"故事。狂热的民众乘船穿越海湾从另一侧观看佛像，有时还会借助望远镜（图61）。对于当局来说，这太过分了，于是他们下令拆除了"大篮子佛"，这个佛仅存在了60天[20]。

图60：《诗人白乐天》，狩野荣川和狩野惟信作，18世纪，手卷，纸本彩墨。 有一部能剧讲述唐朝的伟大诗人白居易来到日本，进行了一场诗歌比赛。他有失公允地挑战了当地的一位渔民，而渔民其实是住吉明神变化而成的，也作出了一首无出其右的诗歌

图61：《海晏寺大佛》，葛饰北斋作，出自《七々里富贵》，1794年，单色印刷本。从江户湾对面观看短命的"大篮子佛"

***

　　虽然建造寺庙和神社（通常）是永久神圣化某地的一种方式，但是神像是可移动的，并且历史上许多神像曾经在不同的寺院或神社之间流转。临时借用佛像在江户也很流行。佛像借用始自"秘佛"，秘藏佛像偶尔展出称为"开帐"，借佛展出被称为"出开帐"。这种方式使得尊贵的佛像（多数在京都）可以借到江户供人们参拜。由此募得的捐款对于主办方和出借方都有好处。出开帐虽然是宗教仪式，但也类似于艺术展览，其美学或历史意义与信徒的虔诚同样重要，时尚人士都希望能够出席这一盛况。浅草寺常年缺乏资金，因此主办了多次出开帐仪式。有一座江户寺庙成为出开帐的专家，这就是成立于1658年，用于安葬前一年的火灾死难者的回

122

向院（寺名意味着轮回）。这座寺院交通便利，建在大河隅田川旁边，跨过一座桥就到。大火后修建的这座桥梁，既可以用作未来的逃生路线，又开辟了新区，促进了江户的扩张发展。出借至回向院展出的众多佛像中就有清水寺的"秘佛"[21]。

并非所有的出开帐佛像都来自京都。遥远的长野县有个善光寺，寺里的圣佛就来了好几次。或者更确切地说，由于佛像神圣无比，不宜远行，所以借来的是替身佛像，沿途的人们虔诚地触摸装有替身佛像的保险箱。荷兰东印度公司的一名员工这样记录了1796年一尊佛像离开长崎的盛况：

经过了多重仪式，一尊日本神像被护送到一艘驳船上。神像将被运往江户，在那里施展法力。那天（长崎）海湾里挤满了游船和其他船只。船上的僧人为群众祈祷祝福，所有人都感到无比幸福。[22]

桥对面迅猛发展的区域中，比回向院更远的地方，有一座江户最非凡独特的寺庙——五百罗汉寺[23]。据说，罗汉总数为五百，一说为十六，是聆听过佛陀在灵鹫峰上进行神秘布道并开悟的人。罗汉被居住在长崎的华人移民引入的禅宗分支黄檗宗专门供奉。随着1644年明朝的瓦解，一些著名的中国僧侣来到日本。其中资历最深的高僧隐元得到幕府准许，在京都附近的宇治创建了一座黄檗宗寺院，按照他此前在中国住持的寺名取名为万福寺。隐元在中国故乡的那座寺庙位于黄檗山，日语发音为"Obaku"，因此黄檗宗在日语中称 Obaku。万福寺于1661年竣工，其周围地区就被命名为Obaku。因此，这是另一种借用，尽管与江户并无关联。

不久之后，全国各地都出现了黄檗宗寺庙。1687年，一个名叫松云

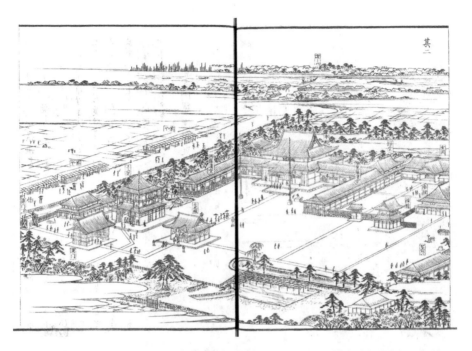

图62：《五百罗汉寺》，长谷川雪旦作，出自斋藤幸雄等编著的《江户名所图会》，1834年，单色印刷本。据说这座寺是江户最奇特的地方，是江户最大的黄檗宗寺庙。因其罗汉堂（左页右方）、幕府通行门和荣螺堂（左页中心的较高建筑）而闻名

124

的日本黄檗宗僧人抵达江户。他开始雕刻五百尊罗汉像，每尊像都有真人大小，这是史诗般的壮举。松云建造五百罗汉的地点在浅草，所以众人蜂拥而至，捐献财物[24]。幕府将军的母亲桂昌院听说此事，也赞助了几尊雕像。松云于1695年完成了第450个罗汉，并在大河对面的开发区中获批了一块土地。

在完成所有五百尊雕像之后，他雕刻了一个巨大的佛像，坐在真正的岩石上，并摆放在中心位置，身旁雕有两名胁侍。由此，佛陀于灵鹫峰说法的壮观景象得以立体再现（图63）。罗汉像的具体雕刻年代尚不清楚，但松云于1710年去世，那时五百罗汉寺已经建成。幕府继续对寺院进行资助，

图63：松云元庆作，出自五百罗汉群像（现代陈列），1695年，木制镀金。这座中国式寺庙拥有五百个真人大小的罗汉塑像，和其他塑像摆放在一起，共同再现了佛陀神秘布道的场景

甚至建了一个特殊的大门，即御成门，专供幕府及其扈从使用（图62）。但是，他们要求僧侣必须是日本人，不能是外国人。尽管如此，江户还是获得了一个国际化的佛教场所，并且鉴于明朝已经灭亡，它作为幕府所在的城市，可以继续发扬来自汉文化的信仰。

罗汉寺大大激发了江户人民的热情，他们虽没有出国旅行的机会，而罗汉寺的外观带有异国情调，寺里举行的仪式前所未有，寺院的饭食独特而美味，这一切都令人兴奋不已。但是，罗汉寺没有信徒，因此，寺院只能依赖供品生存，好在因为罗汉寺的魅力使其成为江户参观人数最多的景点之一，所以供品足够丰盛。有一首川柳俳句将它与泉岳寺进行了比较。

泉岳寺也是江户的重要景点之一，寺里埋葬着47个浪人，他们于1703年去世，都是杀身成仁的义士，如今在武士电影中仍很有名。川柳作者描写了游客在江户廉价旅馆区马喰町边休息边计划观光行程的情景：

> 马喰町，
>
> 上午四十七（浪人），
>
> 下午五百（罗汉）。[25]

125

　　游客到达江户要做的第一件事通常是参观浪人墓，紧接着，下午他们就去参观五百罗汉寺。

　　罗汉寺因此以最不寻常的方式完成了神圣化的任务。黄檗宗僧侣享有特权（或被迫）在僧衣上绣上德川氏的家徽（如今依然如此），如此一来，让来自中国明朝的外来文化融入了幕府的体制中。

　　罗汉寺的建造在第八代幕府将军德川吉宗时代开始取得成效。德川吉宗是个艺术爱好者，先前，他决定创办一个幕府画廊，并购入外国作品与他收藏的无与伦比的日本艺术品相匹配。他委托订制了来自中国清朝的画作，也订制了来自欧洲的艺术品，他是唯一一个这么做的幕府将军。德川吉宗的委托由荷兰东印度公司带到阿姆斯特丹，最终有五幅画作于1726年到达日本。这些作品，其中有三幅是军事主题（一场战斗，一次攻城和一次狩猎），由德川吉宗自己留存；另外两幅是主题相对比较温和的花鸟图，德川吉宗希望把这两幅画对公众开放。他想到了罗汉寺这个最佳的展览场所，毕竟，这是一个充满异国情调的地方。可能有成千上万的人观看了这两幅画，但出于对幕府馈赠的"敬畏"之心，几乎没有任何关于此事的文字描述，也没有画作的复制品保存下来。目前已知的是，这两幅画各有一张素描图，是在展览之后不久，由一个没有正式记录的叫Zaiga的人画

图64：《花鸟图》，谷文晁作，临摹威廉·范·罗因，1730年，挂轴，绢本设色。幕府将军德川吉宗在阿姆斯特丹委托订制了画作，然后将其中两幅捐赠给了五百罗汉寺。由于原画年久褪色，因此又委托订制了一模一样的摹本

的。这两张素描后来被小心翼翼地印刷出版，深藏在山下石仲编著的一本 126
厚厚的书籍中。这是一本有关花鸟画的书籍，荷兰人的作品似乎很契合这
种日本画流派[26]。

大约一个世纪后，当局注意到这两幅画作的色彩变得暗淡。他们指
派了一位官方画师进行临摹，或者至少临摹了其中一幅——或许临摹了两
幅，但是只有一幅保存下来。画师谷文晁对原画的还原非常精细，甚至连
艺术家的签名都一丝不苟地摹写下来，因此，我们可以确定原画作者为威
廉·范·罗因（Willem van Royen）（图64）。虽然范·罗因这个名字如
今算不上家喻户晓，但他曾因自然风景画而闻名于18世纪初期的阿姆斯特
丹。当然，他不太可能是那几幅军事题材画的作者。江户也因此获得了某
种意义上的"欧式神圣化"，变得既有佛教属性，又巧妙地规避了不合法
的基督教。

后来，在1780年左右，五百罗汉寺又增添了一栋建筑，强化了它的异
域风格并加入了另一种元素。这座建筑是一座三层高的塔，内部有一个螺 127
旋而上的坡道，因其扭曲的形状而被称为荣螺堂。寺庙拜佛时常见的观音
像就放置在步道的正中间。在目睹了佛陀灵鹫峰说法，并观看了欧洲的自
然风光之后，游客此时走过的是日本最神圣的转世重生景观——所有这一
切，不用离开江户就可以欣赏到。

荣螺堂是江户唯一开放参观的三层建筑。以前从未有游客能登上如
此高的建筑，但由于坡道很平缓，他们似乎感觉不到自己在登高。顶层
有一个露台，可以一览四周令人心旷神怡的美景，葛饰北斋在《富岳
三十六景》中就刻画了这样的场景（图65）。参观者低头看着罗汉堂和
幕府专用通道，不免想到这一切都承蒙德川家族的荣恩，"敬畏"油然
而生。俯瞰自己辉煌荣耀的城市，他们看到了远处神圣的富士山。其时
恰逢灵鹫山被发现，这大约是建造荣螺堂那年的事情，荣螺堂可能就是

为了呼应这一发现而建造的。尽管此事极具传奇色彩，但据东印度公司在日本的报道，这件事是真的。东印度公司与许多国家有贸易往来，其中之一便是锡兰（斯里兰卡），那里有一座神圣的山峰，山顶印有神圣的足印。佛教徒声称这些是佛陀本人的足印，穆斯林和基督徒称这些是亚当的足印，而印度教徒则称这是湿婆神的足印。由于这座山很高，佛教徒进一步宣称这个地方一定是灵鹫山。当时有一幅荷兰版画流传到日本，画中这座山峰被标

图65：《五百罗汉寺荣螺堂》，葛饰北斋作，出自《富岳三十六景》，1830年—1832年，彩色木刻版画。在五百罗汉寺荣螺堂的顶层，观景的人们眺望富士山

为"亚当峰"（Adams Berg）。这幅画后来被翻印在一本有关西方风土人情的书中，即《红毛杂话》（1787年出版）[27]。该书作者森岛中良出身于知识分子精英家庭，他请江户西洋派艺术家司马江汉对这幅画进行了仿制。

128

森岛中良的书中讲述了许多关于欧洲的有趣的事实，其中一件是关于热气球的发明。有一幅描绘热气球这种奇特设备的画也流传到了日本，不过画中描绘的并非蒙高尔费兄弟（the Montgolfiers）首次乘热气球升空，而是一个月后的1783年11月，雅克·查尔斯（Jacques Charles）乘热气球升空的景象。中良请司马江汉也将其仿制并收录在他的书中[28]。

更有趣的是，司马江汉还把这两幅舶来的图像加工成了绘画作品。他把它们制成了一对双联画，在紫色的底上描金，极尽华丽，而紫色和金色通常是抄写佛经使用的颜色组合。他将亚当峰放在右边——即首位，左侧画的是热气球。因此，世界的最高点和能够让人升到这个高度的一台机器配成了一对，珠联璧合。挂轴双联画在日本艺术中很少见，但三联画很常见，最常见的是中央一幅画有佛陀或其他尊者，两侧的画则根据用户需求进行特殊的组合。尽管我们不能确定，但这个双联画可能就是这种情况。很可能原来中间的那幅画是一尊佛。遗憾的是，司马江汉的作品失传了，今天我们能看到的只是一幅战前的黑白图片（图66）。然而，图片的说明文字写着，这两幅画上原缀有德川氏家纹的布饰[29]。

图66：司马江汉作，1790年，一对挂轴，纸本蓝底金色。遗憾的是，这对双联画现在已失传，上面画的是佛陀在灵鹫山（荷兰人称之为"亚当峰"）说法，以及一个热气球。两个挂轴上均缀有德川氏家纹（此处不可见）

第四章

研读江户城

129　**1590**年，德川家康获封江户城，虽然江户地理位置优越，但当时却是一片废墟。在决定把江户作为他的执政根据地后，德川家康第一步行动便是彻底改造其防御区和居住区。 17世纪初，江户城像当时的大多数城堡一样设有厚重的城墙，但是因为缺乏石料，再加上地震的风险，这些城墙的内核通常都是用泥土夯实，外层用石块包裹砌成。后来，葡萄牙人和西班牙人多采用炮弹攻城，因此城堡的外部防御系统必须离中心位置足够远，这样才能使城堡免于炮弹的攻击，于是德川家康给江户建造了周长约16公里的城墙。 一流的城堡还应该建有高耸的主楼，既可以监视所辖领土，又可以对敌人的进攻发出警告。

城堡周边设有服务性的城镇，因此外部防御工事和塔楼也进行了装饰美化，这样，生活在本地的人们便有了崇拜的对象。城堡看起来可能有些令人生畏，但是它也让人产生了安全感。城堡的主楼是日本近世的创新产物，其设计建造受到了欧洲建筑的启发。日语中原来没有对这类建筑结构的称呼，因此产生了一个新词，即"天主阁"。天可以看作是"天下"的

130　缩写，"天下"是泛东亚地区对"王国"的表述，使用这个词表明军阀们渴望获得全天下的统治权，尽管此时在日本，许多武士统领实际上都实力不强。丰臣秀吉并不算小人物，他宣称自己的目标是"天下统一"，并把自己称为"天下人"。德川家康也许是比较温文尔雅的人，他宣称："天下是天下人的天下"[1]。

"天"是天，"主"是主宰或领土的统治者，但天主可以有其他的意思。天主可以是内战时期铁腕强人的自称，但它也是基督教传教士口中所称的上帝。对上帝的称呼也有其他措辞，但最后都被传教士们放弃，他们用拉丁语deus称上帝，日语称deiusu。所以，天主阁带有一种异国情调，这不仅是因为它诞生于炮火之中，还因为它把"主"与一神论的全能者联系在一起。随着时间的推移，尤其在1614年驱逐传教士之后，"主"改写为另一个日语同音字"守"。作为"天堂的守护者"，城堡主楼的外来文化含义被清除，变得更加本土化。

天守阁是普通平民可以看到的城堡的唯一一部分，而且只能从远处观望。他们永远也见不到城堡的内部。因此，天守阁既有实用价值，也是一种象征符号。以前的江户城里可能还建有一些塔楼，但是德川家康在1604年建造了江户第一座精美的天守阁[2]。当他在次年引退、让位给儿子德川秀忠时，天守阁仍在建设中。我们只知道它是一座独立的多层塔楼，再没有其他更多的信息。德川秀忠于1622年对其进行了重建，抑或是扩建，为了容纳德川统治下日益臃肿的官僚机构，他对整个城堡进行了改造。新建的天守阁也是多层，还增建了几个附属的塔楼。1637年，第三代幕府将军德川家光拆毁了他父亲建造的天守阁，又新建了一座。德川家光建成的天守阁出现在出光美术馆和历博收藏的屏风上（参见图20和图21）。我们不能指望绘画能准确地再现江户城的外观，但在1640年那个时候，江户城的天守阁是一座宏伟壮观的独立塔楼，共有五层，墙壁为白色，檐和瓦是深色的。它巍然屹立，高达60米，几乎比日本现存最高的天守阁——姬路城天守阁（虽然它也屹立在山上）还要高三分之一。这可能是日本列岛有史以来建造过的最大的建筑。江户城天守阁兼具审美价值以及军事功能。有一幅创作于1648年的淡彩晕染水墨画，是迄今最早的、有确切年代记录的关于它的描绘，收录在一组江户十二景绘画中（插图67）。

金城初日

金城初拂若華炎
碧瓦朱甍相映宜
東面仰觀滄海曙
影流郭外浴湯池

1657年的大火吞噬了江户大部分地区，烧毁了城堡，将德川家光雄伟辉煌的天守阁夷为平地。现存有一个重建天守阁的草图，如果重建的目的是再现失去的过往，而不是创新，那么这也许是与屹立二十年的江户天守阁相似度最接近的复制品[3]。

但是，天守阁并未重建。它的石砌底座得以保留下来，今天看来仍然是一个令人印象深刻的标志物（图68）。但是日本最重要的城堡，也是最宏伟的建筑和统治者发号施令的地方，在接下来的250年内作为幕府将军的居所，竟然都不再有一座天守阁。这是为什么？江户最令人瞩目的幕府建筑是出于什么原因被打入了记忆的冷宫？关于这个问题有几种不同的意见。一些学者认为，到1657年的时候天守阁已经没有存在的必要。确实，上一次德川氏参与重大战斗已经是很久以前的事了，但这是事后诸葛亮的想法，幕府当时并无法预知。而且，1648年确实有4000名士兵向江户进军，意图刺杀德川家光并推翻政权，虽然最终没有得逞，但是这场"庆安骚乱"表明，绝对不能

图67：《金城初日》，狩野尚信作，出自《武藏国十二景》，1648年，手卷，纸本水墨淡彩。这套风景画描绘了江户周边地区的多个地方，包括展示在此处的幕府将军的城堡。画中描述的可能是新年的早晨，江户城迎来了又一个丰硕之年。这是有关江户城天守阁景色的最早记录之一

图68：江户城天守阁的石砌底座，1625年。这是天守阁仅余的一点遗迹，但仍能凭此想象出天守阁当年的雄伟壮观

放松警惕。另一种解释是幕府面临财政困难，无法承担重建的巨大费用。这种情况也有可能，但是，没有哪个政府拿不出钱来办他们认为非办不可的事情，哪怕以牺牲其他事情为代价。最有可能的是第三种意见。天守阁没有重建，既不是出于军事原因，也不是财政问题，而是与形象有关。如此夸张的庞然大物已不再适合用作幕府的统治象征。此前德川氏一路征战杀伐，已经取代了所有竞争对手，达到了权力的顶峰。但是随着和平的到来，他们转向了另一种统治理念。幕府一直以来的形象是一个军事政府，刀光剑影、等级森严。然而，在很大程度上，统治的象征性语言已经从武力和强迫转变为"以德治人"。确实，"德"这个字就在他们的名字中（另一个字是"川"）。德川是一条"美德之河"，从遥远的过去流向不可知的未来。幕府有效地利用了所谓的"起源失忆症"，抹杀了人们对其家族权力崛起的真实历史的记忆[4]。他们用思想品德课的语言给家族权力的起源罩上了一层美丽的薄纱。于是，他们获得了成功不是靠杀死对手，而是因为品德高尚。我们可以回想一下，德川氏对他们的根据地的称呼，并不是江户城这个众所周知的名字，而是千代田城，即"千秋万代的稻田城"。他们所暗示的是，这根本不是一座城堡，而更像是一座坚固的农业粮仓。这关乎救助和安全，与压迫无关。1657年大火过后，由于没有了天

守阁，江户城看起来确实不再像是一座堡垒。德川氏不再需要，也根本不想要他们至高无上而又显而易见的进攻和防御工具。他们更愿意想象自己深受广大人民的热爱，人民接受他们正大光明的统治，并为富足的生活供应而感恩戴德。因此，江户上方的"天"慢慢关闭并合拢。

133　　当然，幕府将军还有其他的城堡，因此并没有大肆进行拆除，但是当城堡年久失修或因灾难损毁时，也并没有进行重建。位于京都二条城巍峨高耸的天守阁一直屹立至1788年，然后也被大火烧毁了。它也没有重建。京都的"天"也合拢了。各地的大名也随之纷纷效仿。火灾或地震后，不再重建城堡及其附属塔楼。他们主动削权的做法就是在武士们曾经驰骋过的荣光之地上种植树木，并在为抵御入侵者开挖的护城河壕沟里种植荷花。这些做法大大降低了这些设施原有的实用程度，但这恰恰就是幕府的目的：不要假想会有什么紧急情况的发生。实际上，幕府并未放松戒备，只是拆除了戒备的外衣。在第二章中出现过的葛饰北斋所绘的版画显示，江户城只有一些二级塔楼，看起来更像是一片树林而不是一座防御堡垒，但是北斋以及出版商都知道，如果不这样描绘，就不会有什么好果子吃（参见图29和图31）。城堡大院显然仍是政府所在地，但作为军事实体，它似乎已不复存在。

由于统治从暴力的语言符号向伦理道德转变，统治者便退居幕后。纵观整个东亚君主体制，对于"不可见"和"不显示"的偏好是显而易见的。如前所述，这被称为"影像缺席"。这并不是幕府将军的发明。在中国，皇宫曾被称为"禁城"（确切的名称是"紫禁城"），紫禁城不仅不可近，而且不可见，但是每个人都知道它就在那里。如今的人们都不太记得，位于京都的内裏皇宫也取过一个同样的名字，日语发音为kinjō（禁城）。日本人比较喜欢体型庞大的建筑大门，这当然与它的保护作用有关，但大门也是掩盖权力的一种手段。大门的意义在于，它要比后面的建

筑物高，因此可以把它们藏起来。幕府将军对于江
户的大门建造实施了严格的规定，大门的尺寸必须
与地位相符[5]。大门可以将入侵者挡在门外，同时也
采用严格的口令模式防止敌方耳目混入。命名规则
也以隐藏为原则。今天，我们可以随随便便说一声
"幕府将军"，但是，这种带有强烈军事意味的头
衔在过去要经过弱化，并且含义模糊。幕府将军经
常被称为"公方"或"大树"，从而使他的存在自
然化。同时，也有一些专有名词，比如丰臣秀吉是
"天下人"，而全世界历史上最伟大的勇士之一德
川家康则被称为"安国
大人"。

图69：《江户不二》，
葛饰北斋作，出自《富
岳百景》，1834年，单
色印刷本，1849年版。
这本畅销书表明，江户
最具标志性的富士山景
观，是这样透过城堡顶
部的鱼形兽装饰看到的

134

出版于1834年、之后
多次再版的《富岳百景》
中，葛饰北斋创作的一幅
画就此进行了表达，其程
度近乎谄媚。画名为《江
户不二》，画中描绘的富
士山，山峰高耸入云，却
位于江户城城堡的顶部装
饰物之后，这个装饰物的
形态是一条神话中的鱼，
据说可以辟邪防火（参见
图8和图69）。人们一眼
即可识别这是什么地方。

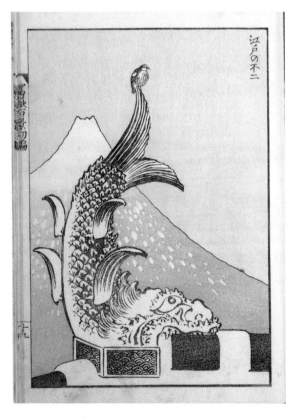

北斋并没有把城堡画出来，实际上，他要表明的就是：出于"敬畏"而不显示城堡。我们没有看到城堡，但是，我们看到了一只鸟。这似乎有些无礼，因为鸟类栖息在哪里，就会在哪里留下粪便。但这不是北斋要表达的意义。鸟儿非常胆怯，稍有动静就会飞走。而在这里，一只鸟在休憩，甚至是在睡觉——这是和谐的终极标志，意味着没有任何警报发出。

***

很少有人获准进入江户城的内部，但对能够进入其中的人而言，建筑的每个部分及其装饰都蕴含了特殊的意义。虽然建筑和附件都早已消失，但是我们可以从别的渠道获得一些信息，展开一下想象。军事大人物经常光临重要的寺庙，住持的住处装饰得很像武士的宅邸。这并不奇怪，因为住持要么是大名的儿子要么是他们的兄弟，并且他们通常请同一个艺术家做装饰。城堡内部的设计思路（住持的居室同理）最重要的一点，是要反映这场从15世纪60年代持续到16世纪90年代的漫长内战已经结束。而这一时期最伟大的绘画大师是狩野永德，他曾频频受到丰臣秀吉的资助，虽然去世太早，无法为德川家族所用，但在身后留下了一个令人敬畏的画派。在战争期间，狩野画派声誉鹊起，因为其画作精湛，涉猎题材迎合了武士阶层的需求。狩野永德在前人的各种绘画风格基础上融会贯通，创造出一种集大成的绘画方式，对画坛具有直接的影响。狩野永德的画风简洁粗犷、一气呵成，运用极易识别的风格和象征符号，别具一格。

狩野永德的作品采用两种主要的绘画方式，二者都具有其政治意义。一种是所谓的"汉画"。汉画用来描绘具有普遍重要意义的事件，适合所有时代及所有地方的统治者，超越了地理和历史的范畴。其中，有的场面反映古代圣贤的智慧，也有表现智者修养的永恒主题。"汉"，指的是古代历史，类似于欧洲人说的"古典"或"希腊和罗马"。这里的"汉"与明、清等朝代关系不大，与朝鲜半岛的李氏朝廷也无关。相反，它指的是一个更古老的时代，在这个时期首次出现了关于伦理道德的概述和生活方式，但我们现在只能在书籍中读到。"汉画"蕴含了类似的主题，同时也代表了一种风格。这类作品尝试使用近乎单色的调色板来复制这段历史时期，正是通过这类水墨作品，"汉画"模式才得以传承。同时，狩野永德还结合了第二种形式，即"和画"。这类绘画形式通常用来描绘各地方政体及其对日本各地进行治理的主题。普遍原理必须与日本的具体情况相结合，符合当地当下的现实，不一定与其他时代或者其他国家与地区相关。"和画"复制了日本古代作品的外观，这类流传下来的古代绘画以金箔打底，色彩鲜艳。

　　以此区分狩野派在实际操作中并不是那么简单，因为这两种模式互相重叠，有时模糊难辨。但是，并非所有的武士都具有良好的审美，他们要求的是，装饰在城堡空间内的画作寓意清晰明朗，这样就够了。狩野派制作了抄本，列出了各种绘画模式和主题，只在画派内部流传。这使他们的武家客户可以放心订购想要的作品。任何一个人，只要进入狩野派绘制的空间，就会立即明白那些绘画表示的含义，知晓自己在哪里、是什么人以及接下来可能发生什么。这些风格像军事命令一样清晰明了。在战斗中，一个小错误可能导致死亡，在城堡中也是如此。狩野派把一个咆哮式的命令变得愉快可亲，但又不可抗拒。

　　让我们以"汉画"为例，看一下狩野永德的早期作品，这幅画大概是狩野永德与其父狩野松荣于1570年共同完成的（图70）。这幅作品现在原样保存在首都城外（现代京都市内）的一座寺庙内的聚光院中。作品描绘的是四种成就（即汉语的四艺），是构成文化行为的四项活动，因此非常适于室内装饰，四面墙上各画有一个主题，整个房间都画满了。具体是指

图70：《四艺》局部，狩野松荣和狩野永德作，1566年（？），壁画，纸本水墨。壁画绘在一个存世的房间内，描绘的是四艺这个神圣的主题。"文人四艺"指的是琴、棋、书、画

137

音乐、技巧游戏、书法和绘画。音乐，特指琴，一种能让人安静的乐器，抚琴常常将内在心境与自然宇宙交融在一起，不是为了开音乐会，更不是为了制造喧哗。技巧游戏专门指棋，一种类似于国际象棋的棋盘游戏。胜利属于深思熟虑的人，而不是最富有或最强壮的人，也不是身边卫兵最多的人。书法是指以优雅的形式记事，表达情感或解释思想。最后一项是绘画，之所以放在最后是因为这是对于技术娴熟度要求最高的成就，它把无法通过言辞传达的知识，以颜色、礼器或面孔的形式记录下来。"汉画"风格的作品刻意将其背景放在不确定的时间和地点，画面中没有任何建筑或物品可以具体指向某个特定的时间或国家。

"和画"的模式则大不相同。它表现的是当地和当下。它描绘的不是某个抽象的、到处都存在的地方，其主题涉及具体地点。既然采用的是本地风格，日本和画具体表现的就是日本这片土地。狩野永德创作的一幅和画作品是一个折叠屏风，大约是在他1590

年去世之前不久完成的（图71）。屏风本来应该是一双，但存世的只有其中一围。

可移动的屏风比壁画的存世数量要多得多，这一点有其必然性，但也并非总是如此。《唐狮子》的左侧伸出了一支枯死的树枝，表明画外的世界正处于寒冷的冬季。在这种阴郁凄冷的气氛中，画面的右边走来两只神话中的狮子。狮子是具有象征意义的动物，据说当人世间美好时它们就会出现，而当世间大乱时就会逃离。"唐"指的是中国的一个古代王朝，但其意义仅在于狮子的传奇外观形象来自唐朝。这两个狮子是对日本统治的完美诠释。画家笔下描绘的狮子，正在踏入严酷寒冷的环境，等于承认战争仍在继续，但是与此同时法治与和平正在回归。其中一头狮子身型魁梧，

图71：《唐狮子》，狩野永德作，16世纪末，单只屏风，纸本金底彩绘。这原本是一双的精美绝伦的屏风，现只有右半围存世。两只神话中的狮子（也许是一雄一雌，也许是一对母子）驾着金色的祥云降落人间，将绵延不绝的幸福带给寒冬中冰冷的世界

138

鬃毛浓密，另一只个头较小，因此它们可能是一雄一雌，也有可能是一只成年的狮子带着幼崽。无论哪种情况，这对狮子都预示着繁殖和继承。这让观众可以看到，在日本，一个战后的世界即将来临，并将进入美好的未来。这样一双屏风，可能是一个武士赠予另一个武士的礼物，以表示支持或者对其获取领土的认可。"汉画"作品需要长时间观看欣赏，并且应该让观众沉浸在它所描绘的意境中，而"和画"则不需要，它们传达的意图是瞬间立现的。当共处一室时，地位较高的人会背对屏风，地位较低的人则将目光投在地板上。因此，这些绘画终究不会得到太多关注。狩野永德的绘画传达的信息非常简洁，可以在瞬间得到破译。这并不妨碍它成为一幅伟大的画作，如今这幅《唐狮子》已被视为那一时代的杰作之一。

在江户时代初期，狩野派的画作装饰了许多城堡。1617年德川家康死后，狩野永德的孙子狩野探幽被召到江户，成为德川秀忠的御用画家。德川秀忠任命这个15岁的神童担任一个新设的职位——御用画师。狩野探幽从此跻身真正的权贵阶层，不再是个局外人，而是幕府将军指挥链的一部分。他在江户城内有自己的办公室，领着政府职员的薪酬。他的家人世袭武家爵位。狩野探幽和他的助手们沿着狩野永德制定的规则工作，但是由于江户城在1657年的大火中焚毁，我们不知道它的内部到底是什么样。我们对重建后的城堡，即1657年以后的城堡，有所了解，相关内容将在本章末尾进行讨论，但是这座城堡后来也消失了。我们可以借助折叠屏风来掌握一点江户城的视觉效果，但是大多数屏风没有文献记载，很难确定是谁定制了这些屏风，也不清楚这些屏风摆放在哪里，因此，需要把目光转向一座幸存的建筑。在另一个幕府城堡，也就是京都的二条城那里，仍然保存着一个接见用的套房。这套房间只能提供一部分参考，虽然不可能与江户城完全相同，但可以通过对它们进行仔细地研读，来探明江户城的内部可能会是什么样，以及人们是如何看待它的。

***

二条城早在日本内战初期就已存在，但在1603年新幕府宣布成立后，这座城堡便搬迁到别处，并且从头到脚重新进行了配置。它最早的外观是什么样子已不可知，完好保存下来的二条城是1624年至1626年间重新装修过的，时年20多岁的狩野探幽负责监督了整个装修过程。二条城在19世纪再次进行了翻修，但是并没有覆盖狩野探幽和他的学生们留下的大部分作品。在2017年到2019年期间，这些壁画被移走，代之以复制品，以求真实地再现400年前首次创作时的原始风貌。今天，城堡的内部又恢复了金碧辉煌的气派，但是失去了它曾经拥有的那些笔墨线条。狩野探幽及其团队创作的原件被剥除下来，现在保存在城堡博物馆中。在缺乏江户城信息资料的情况下，我们可以利用这些移除下来的壁画做参考，为了达到最佳的效果，我们一起浏览一下二条城套房遗址中的复制品[6]。

来访者离开城中的街道，越过一条护城河——虽然江户有好几条护城河，但城堡外只有这一道城壕。他们穿过一道防御坚固的城门，进入一个高墙围起的铺有石板的区域。封闭感令人心生恐惧。然后要转过一个90度的急弯才能继续前进。如果有人入侵，可能会晕头转向地被困在这里并被射杀。即使是合法的访客，也会受到城堡里的人如临大敌般的戒备。转过弯来，访客面对的是一个丁字路口。这条路似乎继续通向右前方，强行进入的人自然会向右转。但是，路走到尽头是一片暴露的开阔地带。其实，向左转才能抵达入口处。走不了几步路，就需要再转一个整整180度的大弯。来人转一大圈后，就会看到眼前出现了一座装饰得金碧辉煌的大门。这座门没有明显的军事功能，只是在那里传达着"敬畏"的讯息。大门没有任何护卫，但只能从侧面靠近，因此易守难攻。大门非常雄伟，而且看上去并不凶狠狰狞，但如果想对它发动突袭也绝无可能。来访者不由自主地意识到他们已经脱离了恐怖，现在是受欢迎的来宾。金光闪闪的大门只有一个明显的装饰物，那是一个尖顶的山墙。这种山墙在日语中被称为"唐破风"，正如唐狮子所代表的那样，它代表着古老的汉俗以及历史上的古典统治，但是其鲜艳的色彩又具有本土风格。尖顶的山墙经常用于江户时代的建筑中，代表至高无上的荣誉。没有哪个普通访客敢从这种装饰下走过。他们会吓得呆若木鸡，不知所措；如果得到召唤，允许进入，他们将倍感荣幸。大门上还饰有德川家族的三叶葵徽章，或者更确切地说，曾经饰有德川家族的三叶葵徽章——在19世纪末，这些徽章被毁掉并被日本帝国徽章所取代。

141 大门朝南，这意味着访客是向北走。这是恭恭敬敬地接受上级会见的正确走向。鼓起勇气通过大门后，访客来到了一个宽阔的院落，眼前看到的是一排极具特色、令人赞叹不已的房间，这是将军接见客人的套房，也就是我们今天看到的遗址。这些房间依次向左后方向延伸，看不到尽头。最前面是镀金的入口，访客在门外脱鞋，拾级而上。具体能进入哪个套间要根据他们的地位而定。房间组合为四个区域，通过内置的走廊互相连通。依次向左后方排列延续，意味着这些房间是从东南向西北方向排列，从风水学上来讲，这种排列方向是中性的。进入的程度越深，来访者的地位就越高，但是靠里面的房间并不能给外部的房间提供神奇的保护，如果排列方向是朝着东北方向，即朝着"气门"方向的话，就可以做到这一点（图72）。造成这种情况的原因可能是：最重要的房间占据了从外到内三分之二的空间，而整个序列终止于女性的空间，总不至于让女性来保护之前的男性空间吧。但是，每个区域都有好几个房间，其中大部分区域都有四个主房间，以拼图的形式相互串联，而东北方向的那一间房，通过装饰或使用功能的设计，在风水学上起到保护其他房间的作用。考虑到房间的排列是向左后方移动，从上一个区域到下一个区域的入口都设计在东南，

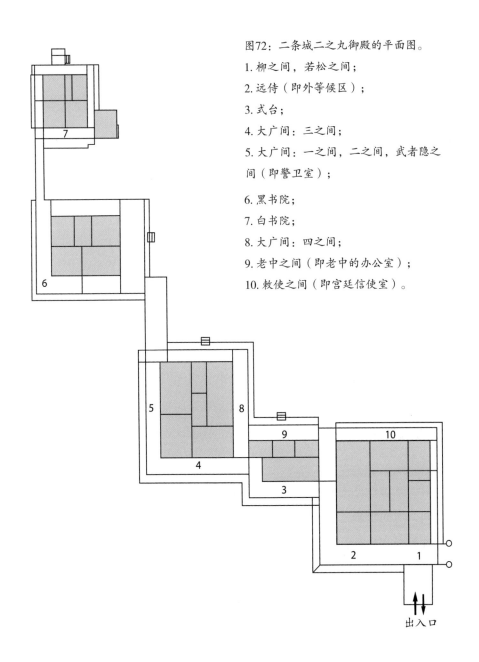

图72：二条城二之丸御殿的平面图。

1. 柳之间，若松之间；

2. 远侍（即外等候区）；

3. 式台；

4. 大广间：三之间；

5. 大广间：一之间，二之间，武者隐之间（即警卫室）；

6. 黑书院；

7. 白书院；

8. 大广间：四之间；

9. 老中之间（即老中的办公室）；

10. 敕使之间（即宫廷信使室）。

出入口

这套房的分布呈向左上方，即向西北方移动的态势，被称为"雁阵模式"，可能是出于风水学的原因，同时也是为了确保良好的光照。访客能进入哪一级空间取决于他们的地位，房间的装饰也根据使用者的等级进行了仔细的区分而出口则在西北方。朝南的房间最亮堂，因为它们朝阳。西向的房间，因为处于最深处，离下一个区域也最近，是最尊贵的。但是，还有许多其他额外的空间，使得这种解读变得复杂，常常有不合规矩和令人惊讶的情况出现，访客永远也无法确定身边的环境。这是经过精心设计的，因为如果有入侵者出现，将自投罗网。

木制走廊环绕着整个建筑，这在江户建筑中很常见。并不是所有访客都能被允许进入房间，有些人只能坐在走廊上，等候主人从室内向他们问话。有些访客连走廊都不准进入，只能跪在外面的砾石上。房间里铺着地垫，但走廊上铺的是地板。地板下面都用钉子固定，所以脚步踩上去的压力会使它们吱吱作响，每走一步，主人都听得见，想偷偷接近是不可能的。这些用来提示有访客到来的地板，被称为"夜莺地板"，好像它们仅仅是为了制造出鸟鸣声供人欣赏而已。

套房四个区域中的每个区都有一个名称表示其等级。在每个区域内，每个房间要么以壁画的主题命名——这是那个时期的常态，因为壁画传达着空间的意义；要么通过数字来表示房间在本区中的排位，其中，一之间地位最高。

第一区是外部等候区：远侍。其布局最令人困惑。来客首先进入的是柳之间，房间里画了棵柳树，还有许多玫瑰花。在看清绘画的主题之前，我们首先看到的是，这些作品的色彩都是具有"本土"特色的描金彩绘，城堡里大多数地方都是这样，无不体现着此时此地的统治权。画中呈现的树木和植物，让观者感觉自己还是站在地面上。虽然建筑是架高的，访客需要走上台阶进入房间，但他们却并未感觉上到高处来。树木的树干和底部的树枝可以看到，但上半部分高高在上，在视线中消失。一条河流从西北方向的上位流入，朝着访客的方向流，仿佛是对他们施以援助。访客们明白他们是乞求者，他们希望自己能够接近河流的源头——也许就是沿

着这条"美德之河"上溯。柳树也富含着寓意。长长的、松垂的柳枝随风摇曳，看起来优雅精致，却又仿佛在不停地颤抖。画中有一棵柳树不堪重负，倒在溪流中，但仍在挣扎求生，还冒出了新的枝叶（图73）。由于柳树摇摆不定的外形，人们常常把它与幽灵联想在一起，据说幽灵就寄居在柳树上。因此，柳树将人类与另一个异域世界联系在一起，正如来客前行时会遇到的那个世界一样。相比之下，玫瑰缺乏象征意义，画中的玫瑰是为了与柳树形成鲜明的对比，玫瑰花紧实而圆润，其洁白的色调与树木的棕色和绿色相得益彰。狩野派的画作一直采用这种组合搭配形式，他们很少在绘画中使用单个的主题。通常来说，一个主题附有一个固定的搭配。

图73：狩野派，《远侍柳之间》，1626年。柳树具有象征意义，它是魂灵的寄居所。一棵已经歪倒的柳树，得到了从房子里流出的溪流的灌溉滋养，仍然生机勃勃

柳之间之后，进入三之间。三之间在该区的地位相对较低，但由于它与二之间相连，因此实际上形成了一个大房间，里面画着老虎。老虎这种野兽通常与它固定的搭配竹子同时出现（图74）。访客现在仍然在地面上，但发现自己前后左右都被这个世界上最伟大的动物包围。之所以称老虎最伟大，因为它是百兽之王（在欧洲象征主义中，狮子是百兽之王）。竹子的象征意义也很高远。竹子常青，因此象征永恒不变；但同时，竹子又柔韧灵活，随风摇摆，但始终返回到直立的姿势。竹子还是空心，所以没有自我。贤德的军事统治者既像老虎一样凶猛，又像竹子一样柔韧；既考虑周全，又像竹子一样直言不讳。

图74：《虎豹图》，狩野甚之丞作，出自远侍二之间，1626年。豹子被误认为雌虎，因此这个房间暗示着家庭圆满以及军事大家族的延续。而为它们补充活力的水源，则来自从房子内部流出的河水

由于日本没有老虎，因此几乎没人知道老虎长什么样。豹子被误认为是雌性的老虎，所以一幅绘画的布局中是仅有老虎，还是虎和豹在一起，会改变房间的意义。这两间房里的画兼有虎和豹，因此，就像狩野永德的狮子屏风一样，它们表达的是结合、延续和继承。房间里还绘有幼竹，进一步暗示幕府统治的幸福生活将持续千秋万代。

实际上，大型猫科动物大部分时间都在睡觉，但是画中的虎豹总是精力充沛、兢兢业业，一刻也不让自己闲着。在三之间和二之间的墙壁上，雄虎和雌虎（配图说明的原文如此）正在河里觅食，这条河在之前的房间的壁画中出现过。

接下来是一之间。这间房里没有出现河流，因为主人会坐在这里。但主人的身份还不是幕府将军，而是他的一些代表，在此招待来客。访客已经抵达了源头，但仅仅是远侍之间的源头。

请注意，这些绘画里没有龙的形象：实际上，二条城里根本就没有龙

144

之图。 德川家很少使用龙的形象。龙是万物的主宰，但不属于这个世界，也从未出现在人世间。幕府将军和大名城堡的绘画世界是对现世的统治，效仿的是古代圣贤的世界，与抽象的九天无关。他们最多画一画老虎和唐狮子。在中国汉朝，龙的象征意义被皇权垄断，然而在日本，它与佛教关联更多。

总的来说，第一个套间远侍明确地表达了伟大的武士家族——统治日本各地区的大名的角色和功能。来访的武将大名进入房间后，浑身颤抖，但是得到了明确的信息：是的，他在地面上握有控制权，他的身份获得强有力的支持，而且这个身份还会延续下去。同时，还有更进一步的空间。

远侍区也有东北方向的房间，其中只有两个房间可以任意改变空间大小。这两间都是很重要的空间，用来接待内裏（天皇）宫廷的代表，也就是敕使之间。 房间里的绘画反映出，住在这里的人身份非同一般。这些房间的方位意味着它们在风水学意义上可以保护其他的房间，同时也表示对内裏的尊贵地位予以承认。壁画所描绘的世界庄严而宁静，主题是参天的翠柏——柏树虽是落叶属树木，但是最长寿。

其中一个房间的地板略微升高，因为那是敕使所在的位置，要高于负责接待的幕府将领的位置。尽管这种布局表达了对朝廷的敬意，但还明确表达了另一层意义。按照这样布局，敕使必然面西而坐，幕府将军面东而坐。将军不会面向北而坐，那样的话是表示谦卑。如此一来，就维持了一种平等关系，因为两个人彼此都没有"对上"或"对下"的姿态。但是，由于幕府将军是面朝东，所以他面对的方向是江户，那里是他的指示发出的地方，而不是宫廷指令发出的方向。河流流淌进这些房间，因为添加了银色（由于氧化变成了黑色）而熠熠生辉。德川家还让这片景色更加丰润：一棵巨大无比的雪松，由于得到了丰沛的灌溉，华盖般的树冠好像伸到了敕使的头上。

接下来是第二个区域，称为式台。在此之前，房间里的壁画都是由狩野永德的侄子狩野甚之丞创作的，他是狩野探幽的堂叔伯。狩野甚之丞之所以入选画师阵容，可能是出于对他的尊重，因为他在狩野家族中辈分比较高——狩野永德的儿子都死了，他便成为家族的族长。出于尊重，狩野甚之丞排在第一位，但由于他不是幕府御用画师，因此并没有为级别高的房间绘画。再往里走，房间的绘画工作就由狩野探幽和他的弟子们接管了。

一个大单间占据了式台的整个南侧，其功能半是房间，半是前厅。北边有三个小房间，而南部是一个贯通的大间。大间里绘满了高大的松树。观看者仍站在地面上，能够抬头仰望到树的顶端，虽然遥不可及，却又在视野范围内。松树也具有象征意义。它们是常绿树木，因此和竹子一样，象征着持续不断；但是，与竹子不同的是，松树可以长得很高，寿命也很长。一棵成熟的松树可以活数百年，所以当遥远的过去发生重大事件时，它就已经存在了。未来的事件也将发生在我们今日所见的同一棵树下。像雪松一样，松树将人们与历史联系在一起，但是它们不是季节性树木，不会随着时间的循环往复而变化。东亚的象征主义大量使用双关语，而表示"松"的词也有多个。一个词是matsu，与"等待"同音。松树必须等待时机，从容不迫，这是统治者必须具备的特质。访客也必须在这里等待他们约定的会见。松的另一个词是shō，它有许多同音词，包括"正确"和"治理"。松树几乎涵盖了正确统治和尽忠尽职所必需的所有意义。

147

式台的北部三个房间专供老中使用。这几个房间不常用于接见客人，更多用于商议政务。首先进入的房间是三之间。房间里画着冬天的景色，表明此时是个困难时期。画面中可以看到鸟儿，冷峻而坚定，不畏严寒，傲立风霜。鸟儿们似乎正在进行激烈的辩论。一只鸟朝着隔壁房间的方向飞去，并回头看着身后，似乎在确认什么，好像是大家委托它去汇报集体

的决定。观看者仍站在地面上，但这只鸟儿却飞到上方，从陆地过渡到天空。二之间和一之间分别进行了更具体的阐释。房间里画满了大雁，传统上人们把大雁与秋天联想在一起。季节似乎倒转了回去，但是如果从另一端进入的话，时间顺序是正确的，因此对于一个将要从更深处的内部出现的尊长者来说，这种布局是恰当的。稻田已经收割完毕，人民有了糊口的粮食，大雁在啄食散落在地里的谷粒，确保不浪费一粒粮食（图75）。隔壁的"一之间"应该被理解为春季或夏季，尽管季节内容并不明显。鸟儿们飞过更广阔的丘陵和水域地带，还在继续着它们的争论。

148　　接下来是最尊贵的空间，因此在式台和下一区域之间设有雪松制成的防火门。这种门是江户时代的重要建筑常见的共同特征，但在此处非同寻常的是它们的装饰主题。门上画着苏铁。苏铁这种亚热带植物在日本中部很少见，但常见于日本最南端的大岛九州。

图75：《收获后的大雁》，狩野派作，出自式台一之间，1626年。画中代表国务大臣的大雁一边清理着丰收的余粮，一边进行着争论

南部的九州一直是幕府将军的心腹大患，那里的人思想独立，几乎是个独立的国家。在二条城看来，它们恰恰给幕府提供了安全保障。

　　接下来的这第三个区域是大广间，是幕府的主要接见区，因此是整座房子的核心。东北向房间的编号为四之间，听起来不如其他三个房间，因为这里不是将军接见客人的地方；但是它的位置意味着它是起保护作用的。房间中的装饰画主题也是鸟类，但是这次是鹰，一群松林间的鹰。站在树上的鹰正俯视下方，而地面上的则抬头仰望，旁边有条河流过（图76）。我们已经了解了松树的寓意，军

149

图76：《松上鹰》，狩野探幽作，出自大广间的四之间，1626年。画中这些高飞的鸟儿在视察整个领域。松树是延续和良治的象征

人宅邸中描绘的鹰是武士自我形象的象征。它们飞越天空，高高在上，警惕地审视着一切。它们训练有素，遵从命令捕猎或杀死猎物，不会恣意妄为。上一个区域是做出决策的大雁，现在我们来到的是一旦决议通过，就准备采取果断行动的空间。三之间、二之间和一之间形成相互连接的L形，入口是三之间。这些房间也都装饰有松树画，但观看者的视角要远高于地面水平。确实，很少有人能进入这一级别，而那些有资格进入这个空间的人也明白自己身居高位。鸟类中最骄傲的成员，一只孔雀，步态庄重地踏上一个倾斜的树干，并继续前行欲进入二之间。一部分访客也将继续前进，但多数访客将留在三之间。幕府将军坐在

图77：《大广间的二之间和一之间》，狩野探幽作，1626年。城堡内所有房间中最尊贵的位置在后部，地板略微加高。幕府将军座位上方的天花板也更高。画面很简洁，但威严立现，因为访客会把头牢牢地伏在地板上

拐角处，所以他们看不到他。有些人可能被接见过后还不知道幕府将军是否真的在那儿出现过。然而，一旦进入二之间，就能看到幕府将军，他就安坐在一之间。与敕使间一样，该房间也有一片加高的地板来界定地位的尊卑（图77）。刚才那一只孔雀，现在带着它的后代走了进来，另一只则飞到了对面的墙上。

150

但是，二之间和一之间没有太多装饰。来到这里的人眼睛会一直牢牢地盯着地板。他们不敢凝视图画。幕府将军就坐在那儿，来人根本不敢抬头看一眼。墙上一共画有三棵高大的松树，每堵墙上一棵，仅此而已。来到这里的人，无论地位有多高，也只有短暂的片刻来领悟绘画的含义。因此，不需要错综复杂的图画。在前面的某些房间中出现过一个内置的壁橱，用于陈列宝藏。在这里则冒出了一棵树，在一个人的头部上方形成了浓密的华盖，就像在敕使间一样，但是此时这个人是幕府将军本人。由于该房间朝南，因此这棵树位于风水学上至关重要的东北方向，用以提供保护。还有一块巨石，在相同的方向保护着幕府将军的背后。在这个房间里，幕府将军座椅上方的天花板也加高了。他不能被局限在为他人限定的范围之内，其建筑学意义与北斋近两百年后所做的事情相当，后来北斋所描绘的江户城突破了透视网格并越出了画框（参见图29和图31）。在房间的东北角，新竹苗壮生长，说明这种完美的特权未来可期。

151

在一之间同一东北方向的墙板上，可以看到两个大流苏。它们表明这里有门，这些门通向警卫室。访客即使将头贴着地板，也能分辨出门的拉手，并且知道幕府防备森严，既有象征意义的保护也有真正的保护措施。但是从他们跪着的地方看过去，视线与门形成一个很大的钝角，无法辨认出门上画着什么（图78）。一扇门上面画着休憩的鸟儿，如前所述，休憩的鸟代表着绝对的和平，而且这些鸟似乎在睡觉（参见图69）。警卫

室门上画着鸟，表明它从未打开过。士兵们已经准备就位，但不会用得上，说明幕府将军如此受人爱戴。另一扇门上画的主题，是小小的、类似浆果的花朵。如果这扇门打开，花朵将会被碾碎，但是这些花儿长得很大。很难确定它们是哪种植物，

152

但看起来像是南天竹，其英文名称来自日语"南天"。这是一个双关语："南"的读音有"危险"的意思，"天"的读音有"转移、引开"的意思。

　　大广间的一之间是这座房子里最威严

图78：《沉睡的鸟和红浆果》，狩野探幽作，大广间一之间的拉门，1626年。鸟类胆怯而警觉，因此熟睡的鸟儿表示和平与安宁。这些浆果似乎是南天竹，日语中的"南天"也是双关，比喻"转移危险"。在警卫室的门上绘制这些主题，表明这扇门基本用不到，因为这世界是如此令人心情舒畅

的房间之一。 但这个房间比较小，和欧洲宫廷的觐见室不同。空间狭小，表明有幸进入此地是何等的荣耀；房间狭小，是因为获准进入的人风毛麟角。

从大广间开始，走廊向北转到下一个区域，叫作黑书院。这个名称正好对应最后一个区域——白书院。这两个地方都在接见区之外，是心腹顾问和家庭成员居住的地方。黑书院里的装饰绘画鲜艳绚丽——"黑"并不意味着黑暗，而是指像黑漆一样富丽堂皇。黑书院的装饰特色是鲜艳迷人而又令人心情放松的风景，还有美丽绚烂的樱花。这里也有家庭特色，例如篱笆花园以及与人亲近的小鸟（图79）。 游客在这里第一次看到纯美的大自然。

在此之前，权力一直被表现为大自然的恩施。现在，它被承认是一

153

种人为的强制规则，但这是一种友善的强制。首先是牡丹室，房间里盛开着红色和白色的花朵。在日本人看来，红色和白色是相反的，就像西方国家的黑色和白色一样，因此，在这里，黑白的替代品——红与白共同繁荣发展，超越了派系差异。通向走廊的外墙上也画着牡丹花，但这些属于野花。能够登堂入室，画在室内墙壁上的那些牡丹都是经过人工培育和改良的品种。参观者现在已经到达了河流的终极源头，原来是一个大池塘。视角是从上方俯视的。对于那些能够冲破重

图79：《樱花园》，狩野尚信作，出自黑书院二之间，1626年。漂亮的花园中盛开着百花之中最美丽的花——经过精心培育、备受赞美的樱花

重关口步入这个区域并且地位极高的人，就没有必要予以恫吓了。这些空间也不再需要保护，无论是真实的还是象征性的保护都不需要了，相反，这里公开展示了在专家亲信的精心管理下结出的成果。

　　走到白书院要通过一条狭窄的没有绘画装饰的走廊。一直向北走。这里的绘画突然间变成了接近黑白单色调的水墨画。这些房间采用的是"汉画"的修饰风格。在此之前，所有装饰都是彩色的，因此是"和画"风格。而在这里，访客穿过一段引廊进入了一个新世界。画面里有山有水，有城市和乡村高大的建筑以及农舍，游人熙熙攘攘，工人辛勤劳作，精英打坐冥思。其中有一幅画很引人注目，画的是一个农人背负着重担在读书（图81）。即使是体力劳动者也有希望改变境遇。在附近，有一位僧人与一只老虎成为朋友，他们相拥而眠，侍从们也加入进

154
155

图80：出自白书院的二之间进入一之间的障壁画，狩野荣信（？）作，1626年。在这个私人内宅套房中，装饰画都是黑白单色，画面宁静平和，颇具国际化风格。纵观所有房间，描绘的是一个治理有方的世界

来，耙子放在旁边，忘记了自己的劳动任务（图82）。①之前房间的室内绘画表达的是此时此地的日本统治，但在最后白书院这个空间，却展现了国际化规范，表明无论任何文化以及任何时代，仁政会收到同样的成效。幕府将军的夫人们也住在这里。一旦确立了国家的道德规范，统治者终于可以放松一下了。

———————

① 此图名应为《丰干禅师与老虎、寒山、拾得图》。——译者注

图81：白书院三之间局部的画面，狩野荣信（？）作，1626年。一个农民挑着担子读书

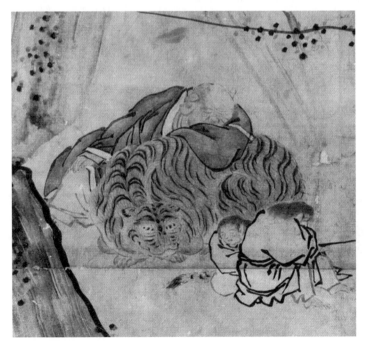

图82：白书院三之间局部的画面，狩野荣信（？）作，1626年。一位德高的僧人，能使老虎温顺驯服。僧人与一只虎结为朋友，相卧共眠，侍从们放下清洁工具，也在打盹儿

***

156　　　以上是对二条城里的将军接见套房遗址进行
的解析。江户城与此相似，但并不完全相同。江户
城的主要接见区域，大广间的一之间，比二条城的
要大得多，有时也称为"百垫厅"（一张榻榻米垫
子约为0.5米 × 1.5米，与一个躺着的人所占面积差
不多）。江户城的访客和谒见者的人数远远超过了
二条城。江户城已经消失了，几乎没有任何关于内
部情况的图画或描述，当然也没有关于大广间的一
之间的资料。但是，现存有两幅绘画与此有关，其
中一幅描绘的大约是1657年大火之前，城堡内的场
景，另一幅描绘的是大火之后。两幅画描绘的都是
接待外国使节的仪式场合。两幅画的描述都不够细
致准确。首先是画有朝鲜李氏王朝使节的一双屏风。
这些使团随员定期轮换，但据信这对屏风描绘的是
1655年的那一届使团（图83）。 狩野探幽当时尚在
世，但这个作品是委托他的女婿狩野益信创作完成

图83：《江户城的朝鲜
使节》，狩野益信作，
1655年（？），一双屏
风中的一围，纸本金底
彩绘。这围屏风描绘了
李氏王朝的使节到达城
堡大殿时的招待场景。
使团的随员会定期轮
换，这有可能是1655年
的那一届

的，狩野益信是表绘师，也就是说，其官阶低于身为奥绘师的狩野探幽。

1657年后重建的江户城一之间，曾由德国医生恩格尔伯特·坎普费尔（Engelbert Kaempfer）绘制过一幅素描图。1690年和1691年，坎普费尔作为荷兰代表团的成员在这里受到两次接见。他的著作《日本的历史》在他去世后于1727年出版，这张素描图就收录在书中（图84）。从这张图可以看出，房间非常大。墙壁上画有很多高大的松树，就像二条城的一样——这些障壁画也是由狩野探幽和他的团队创作。房间的一端用帘子屏蔽着，这可能是一种临时装置，以便幕府将军的夫人们窥视外国人。荷兰人不喜欢脱鞋，所以他们坐着的地方撤除了垫子。坎普费尔记录下了当时发生

157

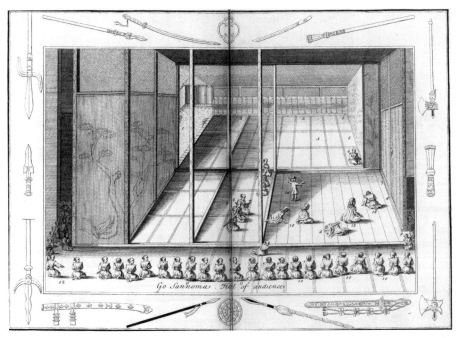

图84：《江户城一之间》之《接见厅》，出自恩格尔伯特·坎普费尔，《日本之历史》（1727年）。坎普费尔作为荷兰东印度公司的医生，去过江户两次，并记录下了幕府将军（画中坐在帘子后面）要求他们当场表演荷兰礼仪以及歌舞娱乐的情景。坎普费尔用德语写的记录在其去世后被翻译成英文出版，成为一个多世纪以来有关日本信息的主要来源

的事情：当时的幕府将军是德川家纲的弟弟德川纲吉，将军"让我们脱下礼袍坐得笔直，以便于他仔细审视我们"。他还"让我们一会儿站起来走动，一会儿互相恭维，然后再让我们跳舞、蹦跳、假装喝醉、讲日语、用荷兰语朗读、画画、唱歌、穿上外套然后再脱掉"。坎普费尔对此很不高兴，并称其为"无数的……耍猴戏法"[7]。但是，这些演练对于幕府将军而言并非小事，幕府将军永远也不会嘲笑客人。这是一项人类学活动，旨在评估他们知之甚少的外国人的文化水平。通过观察荷兰人的仪式和消遣方式，幕府将军可以做出非常明智的评估。

158　　尽管我们缺乏图像描述，但江户城还有另外两个空间是二条城没有的（抑或没有保存下来）。由于幕府将军实际上是在江户行使统治，因此这里有一个主要的行政大厅，与大广间分开，并具有深意地设在其东北方向。这就是虎之厅——只有老虎，没有豹子，因为这个房间表明了性别身份。虎之厅是立法和议会的主要场所，被认为是雄性的场所。装饰画中的老虎搭配竹子，呈动态姿势，符合执政行动的特点。其次，鉴于江户城空间辽阔，从大广间出发，有一条长长的、铰连的步道向内延伸。这就是松之廊下。沿着数十米的曲折走廊，这些具有象征意义的松树引导着参观者进入最深处的"正确的政府"所在地。

1657年大火后绘制的装饰画在整个江户时期都毫发无损。

***

德川幕府的装潢大师狩野探幽于1674年去世。他生命的最后几年，因一只手瘫痪而饱受困扰，日本医生对此无能为力。探幽曾向东印度公司的医生马尔康（Moijses Marcon）寻医求药，趁着公司人员每年前往江户的时候进行治疗。不幸的是，马尔康无可奈何地报告，"这个人的年龄太大了，因此他完全康复的机会很小"，尽管他觉得自己可以帮点忙。[8]狩野探幽去世后，他的兄弟狩野安信创立了狩野派理论，并于1680年将这些理论汇编成一套内部文本资料，名为《画道要诀》。狩野安信宣称狩野派是"万代不变的一支笔"。[9]他的话似乎隐含这样的意义：为什么要改变绘画风格呢？除非您想更换政府——当然，您不会这样做，因为这个政府以德治国。城堡内部描绘的主题和展示方式，就是为了说服居住在其中的人们相信，没有任何渴望改变的理由。因此，绘画风格也必须一成不变。但实际上，狩野派的绘画确实在随着时间的推移而改变。狩野永德粗犷简洁的画风到了狩野探幽这里调整为更加柔和的模式。狩野探幽的绘画主题从诸如天降瑞狮之类的吉祥图案转移到了福泽延绵的主题。他有很多画作描绘的是四季花鸟图案，而标志性主题即江户富士山景，表明政权将在江户万世长存、理所当然。狩野探幽之后，这种艺术风格的形态也延续下来。

1838年，大火烧毁了城堡的西之丸，即幕府将军的起居区，江户城里狩野探幽的画作损失近半。重建之后，狩野探幽的继任者奥绘师狩野养信受命重新进行装修。狩野养信被明确告知，新作必须与之前烧毁的绘画一模一样[10]。即使在180年之后，狩野派的既定模式也不允许被改动。狩野养信确实一丝不苟地避免了任何改动。装饰方案完成后，幕府将军德川家庆马上就搬回去了，显然很满意。然后在1844年，他再次被迫离开，这一次是因为本丸被一场大火烧了精光，大广间、"百垫厅"一之间、虎之厅和松之廊下也全都烧毁了。和以前一样，这些地方都进行了重修，并且与被毁之前一模一样。如果狩野养信画得与之前不同，那就表明世界已经改变了——即使世界确实已经有很大变化，也绝不能表现出来。政府的职责是阻挠变革，而狩野派的职责则是表明政府成功地阻止了变革。城内的布置不能改变，还有另一个非理论意义上的原因。无论是大名还是高级官员，都是根据他们进入城堡哪一层级的权限，以及接待房间的规格来确定他们的身份。

159

图85：《江户城大广间的一之间》，狩野养信作，1854年，画稿，纸本设色。江户城的装饰画虽被烧毁，但是我们可以通过留存的大批完整的画稿来了解江户城。这幅画表现的是德川政权最重要的一个房间内的部分装饰。松树代表良治的政府，而仙鹤据说可以活1000年

例如，有些人可以进入牡丹间，而有些人可以进入孔雀间。如果重建后的建筑没有了房间的区分及其相应的通行规则，那么国家法规将土崩瓦解，整个统治机构必须重新进行协商调整，这等于打开了通往内战的大门。

　　狩野养信的作品在完成后不久也被大火烧毁。但是，我们还存有大量的画稿。这些画稿是江户城内部情况的唯一具体证据。但是它们是如此完整，足以让我们构想出整座建筑体系的样子。例如，我们可以看到招待朝鲜人的宽敞的接见室以及坎普费尔他们现场表演的地方，或者至少是狩野养信笔下所重现的样子。我们可以看到，尽管江户城比二条城大得多，但它似乎更温和。画里有双子松，有一条河蜿蜒流过，有一对仙鹤，侧壁上还画有更多的仙鹤。这些画的含义并没有什么区别，甚至还得到了加强。因为双子松配以"双鹤"，意味着松鹤延年，据说仙鹤的寿命可以达到上千年（图85）。

第五章

诗中之城

161　　江户位于沿海地区，但属于浅海，优越的地理位置确保了交通便利，军事安防无忧。江户有巨大的城堡，还有交通要道东海道，这使得往来出行方便通畅。除此之外，江户还受到风水和佛教法力的进一步护佑。1603年，江户被定为幕府所在地，因为德川氏早已在此稳固了根基。但是，江户本身的地理位置也具有重要意义，这是本章所要探索的。

　　虽然远离京都，远离天皇，但是江户与镰仓相距并不算太远。镰仓是1194年日本第一个幕府所在地，也就是源氏家族统治的幕府宣布成立的地方。朝臣与统治者的第一次决裂就发生在富士山以东，也就是江户所在的地区。日本武士夺取统治权后，镰仓就将日本列岛与其他由天皇政府统治的汉文化圈划分开来。德川幕府在命名和礼仪规范上更多地遵循镰仓幕府的先例，而非遵循第二个幕府——室町幕府。室町幕府创立于京都，差不多已经被皇室同化了。德川并不打算进行室町幕府那样的改造，而是宣布自己为源氏家族的后代，推动江户朝着与镰仓相似的方向发展。

162　　尽管幕府大权在握，又通过借用源氏之名积累了历史厚度，但德川氏知道，这些远远不够，仍然缺少某些东西。江户有权威，也有文化，但在诗歌中却没有存在感。日本大地上点缀着各种"名所"或"歌枕"，这些名胜古迹因和歌而闻名。和歌这种宫廷风格的诗歌是一代又一代歌人几百年来的才华结晶，天皇（内里）命专人定期汇编和歌佳作，以确保心口相传的妙句不会失传。有两本和歌诗集与我们此章要讲述的内容相关，因此必须加以介绍。第一部诗集早在公元905年由伟大的诗人纪贯之编写，名为《古今和歌集》。第二部诗集出现在三百年后，是1205年由藤原定家编纂的作品《新古今和歌集》，其中收录的关于宇治桥和佐野渡的诗句前文已经引用过。并非所有的和歌都具有地域性，但是这些选集中的诗歌不乏诗人借用地形来抒发情感的情况。诗人触景生情表达了各种各样的感情，或惊奇、悲伤，或兴高采烈、孤独寂寥，也有成功或是失意。诗人可能确实到访过激发诗歌创作灵感的地方，但有些"歌枕"却是随意选用的，例如，由于地名可能含有双关，因此就引用了该景点。正如我们在上一章中所看到的，宇治是一个真实的地方，但是它的读音听起来又很像"悲伤"这个词，所以这就是一个成熟的地点，可以成为一首哀婉的和歌的"歌枕"，诗人完全可以想象自己身处此地，而是否真的去过并不重要。后期的诗人以前人的诗句为基础创作诗歌，加深了"歌枕"的柔软度。这种对早期作品的汲取和发扬光大被藤原定家总结为"本歌取"的理论，有时也英译为"allusive variation"（典故体）[1]。景点以这样的方式被编码为规定的情感，如此一来，身临其境便不再是写作和歌的前提条件。如果一个人感到悲哀，可以在写作时通过想象自己仿佛置身于宇治，使自己的情感表达更加深刻，而把一首快乐的和歌背景设置在宇治这个地方简直是愚蠢无知。

所有体裁的日本诗歌都具有高度的季节性。在被称为"宫廷诗"的和歌中，地点和季节融合在编码中，在第一个基础诗句中进行合乎逻辑的组合。例如，一个生长着很多樱花树的地方代表着春天花朵盛开，因此也代表欢乐。如果这个地方还有一个寓意快乐幸福的双关语名字，那么它就加倍适合作为"歌枕"。因此，在日本众多的樱花绚烂之地中，吉野山（Mount Yoshino）成为首屈一指的"歌枕"，因为 yoshi 的读音有"欢乐"的意思。同样，长有许多枫树的地方也表示秋天的落叶，因此与悲伤联系在一起，因为悲伤是秋天那几个月易发的情感。如果某个地方有一个令人回味的名字，它就会成为具有相关情感的"歌枕"。龙田川（River Tatsuta）就是其中之一，因为Tatsu意味着世间万物中最尊贵的龙（ta意为稻田）。诸如此类的知识是江户时代教育的主要内容，无论是针对精英人士还是平民百姓，都在教导这些知识，在孩子们的脑海中打上诗歌的烙印。有些风景他们将来可能会去实地参观，也可能不会去，但无论哪种方式，都可以在未来自己创作诗歌的时候，用某个地点来寄托情感。

《古今和歌集》完全以宫廷为重点。诗集中几乎没有任何京都地区之外的"歌枕"，即使在镰仓幕府执政后收集的《新古今和歌集》中，在描述东部地区时也几乎没有什么"歌枕"可援引。东部地区能令人联想到的也就是其贫瘠的土地而已。在朝臣们的心目中，整个东部地区只有一个重要的地点，那就是武藏野（Musashino），这是对富士山以外地区的一个相当宽泛的指称。武藏多年来一直被作家用来表示野蛮而荒凉，是一个表达孤寂凄凉感的地方。武藏（musashi）的字面意思是"军事仓库"，而mu的读音有"一无所有"的意思，这一事实使得这个地方成为近乎恐怖的、与世隔绝的代名词。

藤原定家编撰的《新古今和歌集》中就出现了这样一首和歌，是由左大臣（资料显示为太政大臣）九条良经创作的。作为朝臣，他从来没有去过武藏，也从来没有要去的想法。他与身边发生的政坛变革格格不入，便借用前辈歌人创立的相关"歌枕"表达了这种情绪。这个歌枕唤起了歌人对广阔无垠的荒草地的想象——一望无际的草原也就意味着秋天，这个季节正是野草长到最高的时候，最适合抒发凄凉的情感。秋天也常有月亮相伴，因此九条良经写道：

行至尽头天茫茫，
武藏野草原见月影。[2]

京都群山环抱，所以宅在家中的朝臣们没有哪个看见过月亮从草丛中升起。对他们来说，这个想法太出格了。在武藏野，夜幕降临在空旷而人迹罕至的原野上，这使文明的人陷入极度恐慌的情绪中。

另一部伟大的诗集是《古今和歌续集》，编撰于1265年，并收录有九条良经的继任者——左大臣源通亲的一首和歌。他提出了同样的观点：

165

> 武藏野是月亮的藏身处，
>
> 四处不见山峰。
>
> 蒲苇草的末梢，
>
> 似乎覆盖着白云。[3]

平坦的草原一望无际，月亮不是从山上升起或落下，这里最高的是草，蒲苇草顶端的花穗宛如白云朵朵。

严格意义上说，镰仓不在武藏，但距离很近。因此，用诗意的话来讲，在朝廷的眼中，幕府将军脱离了文明教养的轨道。确实，幕府统治的地区实际上体现了文化的缺席。从某种意义上说，这种特征很适合镰仓幕府的武士们，因为他们的政体是远离朝廷规范的，至少在最初的时候是这样。但那都是历史了，在德川时代，这个问题再次凸显出来，因为江户实际上就位于武藏。

有关"歌枕"的绘画很常见，通常出现在成双的折叠屏风中，这种屏风属于最高级别。前文中我们探讨过以宇治桥为主题的画作（参见图26）。而在创作武藏的绘画时，必须表现出一种空旷虚无感，除了野草、月亮和天空，天地一片苍茫。这幅图表现的就是这样的意境（图86）。但是，在1603年以后，这并不利于表现仁德而开化的幕府在江户的统治。因此，幕府采取了措施对此进行补救。当然，不可能改写几个

166

世纪以来的著名作家对武藏的描述。但是，实际上，这一地区还有一个公认的富有诗意的地方。它自古以来就在那里傲世独立，虽然宫廷并没有注意到它，或者至少没有将它与武藏野联想在一起。德川幕府对这个地方大做文章。没错，这就是富士山。它不在武藏，而是在邻近的骏河国，但是富士山在整个平原上清晰可见。

图86：《武藏野秋夜满月》，佚名作，17世纪初，六曲一双屏风，镀金纸本设色，贴金银箔，尺寸各170.2厘米×346.7厘米。有史以来，原始荒蛮的武藏野绝世独立，然而，从1590年起，成了德川幕府的家园

　　江户时代初期的一位佚名艺术家，抑或是艺术家的赞助人，对武藏野的概念重新进行了构想。这个方案既要符合诗歌的标准，又要以更积极的方式呈现德川统辖的土地。由于屏风是由两部分组成的，因此利用右围屏风，即观看顺序的首位，来进行标准解释是一件容易的事。右围画的是月亮从草丛中升起，而左围画的是悬停在上空的富士山（图87）。这种组合本来是不合理的，因为所有关于武

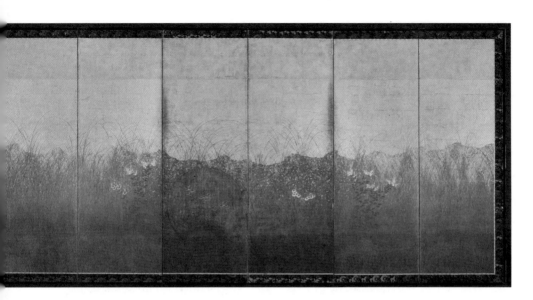

藏的文集都没有提到过在平原上能看到富士山。但是富士山本身就是一个"歌枕"，而组合式的"歌枕"也并无不妥。因此，画面的视觉效果很和谐，圆与三角形构成了形式上的完美平衡。富士山的吉祥抵消了武藏野的阴郁。

还可以通过第二条途径来填补武藏在诗歌中的空白，并且改变后来成为江户的这一地区的形象，使之成为一个更加吉祥幸福的"歌枕"。除了宫廷和歌集之外，"歌枕"也是较长的"歌物语"（uta-monogatari）中常用的修辞；其中的"歌"与"和歌"是同义词，而物语的意思则是"故事"。学习"歌物语"与学习诗词一样，都是正规教育的重要组成部分。其中最古老的便是《伊势物语》，其创作年代大约可追溯到公元900年。《伊势物语》是由多个短篇组成的合集，其中最长一个故事的主人公出身宫廷，他没有具体名字，仅被称为"某男"，在几个亲密朋友的陪伴下离开京都，在乡野间游荡。后来相传，主人公指的就是伟大的诗人、风流美男子在原业平（820年—880年）。《伊势物语》中明确表示，那人离开京都是因为他已经厌倦了此地。很少有古典作品以这种方式谴责京都，更不用说描述一个朝臣

167

主动逃离这个地方。在《伊势物语》中，男子和他的同伴们朝着东方行进，所以这篇很关键的故事名为"东下"。

　　根据故事的讲述，这些人经过了四个地方，尽管只是一笔带过，没有具体的描述，但这些地方都可以在地图上找到。在每一处地方，这群人都创作了一首动人的叙事诗。他们旅途的第一站是现代城市名古屋所在的三河国。在这里，他们坐在一座摇摇欲坠的乡下小桥旁边，准备吃午餐。这个地方被称为"八桥"（八块板铺成的桥），但现实中并没有这样一个地方。这些人看到溪流中的鸢尾花，决定集体创作一首吟咏旅行心情的诗歌，并将它与初夏的鲜花关联在一起，因为这次"东下"的旅行肯定是开始于初夏季节。这首诗是如此的伤感，以至于他们忍不住流下了咸涩的眼泪，泪珠落进了米饭中。接下来，他们来到了骏河国，现实中大约需要步行一个星期的路程。他们沿着文中所称的"长满常春藤的狭道"进入了深山地区。在这里，他们遇到了一个

168

图87：《武藏野、富士山和月亮》，佚名作，1760年，六曲一双屏风，纸本金底设色，尺寸各170厘米×370厘米。这一对屏风画遵循旧例，把武藏描绘为一片荒野，但是画面中添加上富士山后，赋予了该地吉祥之意。原本银色的颜料已氧化成黑色

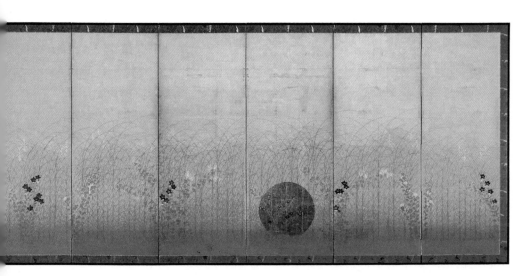

迎面走来的僧人，并且认出这人是个旧识，于是写了一封信，请他捎给京都的爱人，因为他们下定决心永不回返。一行人继续向高处进发，看到了第三个地点，富士山。此前他们都听说过富士山，但从未亲眼看见过。这位男子吟咏了一首和歌，赞美富士山高大巍峨、形态优美，尽管是夏季，山顶依然白雪皑皑。他们从山的另一边下山，进入了武藏野。他们来到一条大河边，诗文中称之为隅田川。

这次"东下"，除了字面意思，也有其独特意义，使得后来发展成为江户的地方登上了古典文学的大雅之堂。这些人穿过的不仅仅是笼统的武藏野，而是走过富士山，并一路来到隅田川。隅田川就是江户人民言称的，流经他们城市的"大河"。

因此，这次"东下"在德川幕府创建后被多次援引，这是一种身份的自我认证，是对武藏野假定的虚无荒凉的最终否定。这种合法化是出自一部古典作品，出自最古老的传统著作之一，而不是牵强附会、生拉硬扯的新近作为，这一事实大大加强了江户的合法地位。《伊势物语》流传至今，广为传诵，但只有在江户时代，它才被视作至高无上的文学经典。

有一个重点需要特别指出，那就是德川氏恰巧源于三河国。男子和他的同伴离弃了京都，向东行进，先在三河的八桥驻留，然后去往江户地区。这和幕府家族的行动轨迹一模一样。实际上，整个"东下"的过程读起来带有一种与德川家丝毫不差的离奇色彩，像是一个神秘的预言。从三河国的桥上走过后，他们踏上了位于骏河国的长满常春藤的小径。这条路和八桥一样，很难精确定位，但是接下来的诗文中把他们遇见僧人的地方称为宇津山。同样，现实中并不存在这座山峰，所以这个名字的出现要么是因为无知，要么出于诗意的破格，因为宇津这个名字具有双关意义，还可以意味着从梦中"醒来"。这些人在这里冲出了迷惘，有了崭新的领悟，他们捎回家中的信件肯定写到了这些体会，这也是他们决定永不返回京都的原因。他们已经看破了红尘，看穿了以前那种自私自大、浮华虚荣的宫廷生活——那种蔑视一切的生活，那种他们早已厌倦的生活。在古典文学中，对地点的虚构是不合法的。因此，一定曾经有过一个叫八桥的地方，或者说，只不过是一座八块板子铺成的桥，是一个描述性的名字。但是，宇津山的确不是地名，实际上它是个方言词，指动物行走踏出的道路（英语中称为"sheep-track"，羊群踏出的小道，但是日本没有羊），因此，宇津山就是"有动物踩出的小道的山"。这种方言用法常见于骏府（现代的静冈市，当时属于骏河国）周边地区，这里也是跟德川家有关的地点。德川家康就在骏府城长大，而且从1605年退位后一直住在那里，直到1616年去世。他死后修建的宏大的陵墓就建在骏府城外（早于他后来位于日光大道的陵墓）。

经过三河国和骏河国之后，男子接下来见到了富士山。尽管这里不是德川家的地盘，但这座山曾被用来指代江户。富士山是日本桥观景的中心焦点。然后此人来到了隅田川，多年后江户城就建在河边。他坐船渡过了河流，碰巧有一艘非常古老的渡船在浅草这个地方来往于隅田川摆渡——这毫不奇怪，因为浅草这里有一座观音庙。《伊势物语》中没有提到这座庙，因为那时它还没有建成，但那人渡河的地点正是德川家康在大获全胜的关原战役之前祈求神灵保佑他建立政权的地方。因此，这四个关键的地点前瞻性地将这位男子引领到德川家族成就伟业的路线上。

此人和他的同伴过河时，看到一只陌生的鸟，便向船夫询问鸟的名字。船夫说这是一只"都鸟"。这真是太富有讽刺意味了，因为这群人也是刚刚逃离了京都。一行人下了船继续前进，这篇故事也到此结束。对他们来说，京都已经成为过去，未来的江户地区将取而代之，成为他们的生活中心。

170
171

***

我们今天所说的"日本古典文学"——包括和歌选集以及歌物语——几百年来为宫廷成员所传诵。圈子以外的人无法读到这些作品。这些文本不允许广泛传播，而且，如果没有评注无论如何都难以理解，但评注都是秘而不宣的。镰仓幕府的将军们可能没有接触过其中的大部分作品。但是，在1608年，江户幕府成立五年后，形势发生了重大变化，部分古典文学作品得以出版。宫廷拥有的著作所有权以前可能就已经流传出去，但是此时印刷书籍完全打破了这种垄断。在所有可能出版的著作中，《伊势物语》成为首批入围的作品。

这些此前秘不传世的文本如何得以开放，其动机尚不清楚。印刷商角仓素庵从一个叫中院通胜的朝臣手中拿到了多部此前绝无可能获取的著作的抄本。我们不清楚中院通胜为何要这样做，但是他曾经因为犯了一点小错引起了一些朝臣的不满，被贬谪到乡下待了将近20年。他此举很有可能是在进行报复。角仓素庵的业务范围不在京都，而是在佐贺县，这至少意味着他尽量规避了在宫廷的眼皮底下冒犯他们的特权。他出版的几本书被称为"佐贺本"，这些版本的书籍都是大开本，字体优美且清晰易读，由角仓素庵本人亲笔手书。角仓素庵曾经拜大师本阿弥光悦为师学习书法。有的书籍还配有素描插图，插画作者名字不详，但一般认为是狩野永德的某个具有武士背景的学生。这大大增加了发行量。[4]在印刷本《伊势物语》中，仅"东下"这个故事就配了四幅插图，描绘了男子与友人东行的路线（图88和图89）。

172

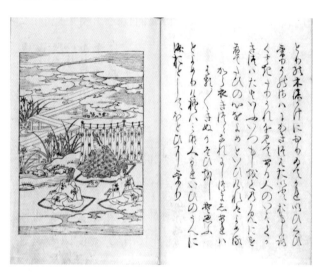

图88：《八桥》，角仓素庵书，佚名作，出自《伊势物语》，1608年，单色印刷本。所谓的佐贺本首次将古典文本传入了公共领域。公元10世纪的《伊势物语》讲述了一个朝臣的故事，他厌倦了首都生活，向东游历，首先在一个叫"八桥"的地方停驻

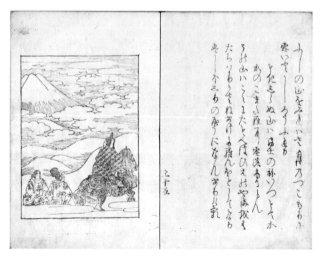

图89：《富士山》，角仓素庵书，佚名作，出自《伊势物语》，1608年，单色印刷本。从八桥继续前行，朝臣和他的同伴们看到了富士山

　　到1610年为止，《伊势物语》出现了至少四个不同的版本，这意味着每套版本的印刷铅字都已用尽，因此必须另制作一套（不同寻常的是，素庵使用的是活字印刷，而不是整页雕版印刷）。一套铅字可以使用大约1000印次，因此这本书销量显然很高，但是可能不到4000册。可能有大量的人读到了这些出版物，他们读到的"东下"的故事中提到了三河、骏河、富士山和隅田川，直到该男子一路走到后来的江户市中心，这让读者震惊不已。随着社会重归和平与安宁，不仅是德川家族，许多家庭都在对经济潜力巨大的江户做出回应，完成自己的"东下"之旅。现实中的旅行者和故事中的男子走的是同一条路线，大致就是东海道这个路线。他们可能会顺道造访书中提到的地点，体会一下主人公的心境。[5]八桥的位置不是很确定，但是富有进取精神的当地人毅然断定了一个地点。常春藤小径也得以确定为东海道进入富士山麓的某个地点。比如有个旅人，名叫土屋文子，最热衷于从事这样的旅行并在《伊势物语》的"歌枕"上沉思冥想。后来，她很后悔自己结交了一帮"无知的、毫无品位的、缺乏诗歌想象力和高雅心态"的庸人[6]。

　　在江户时代之前，古典文学作品可能无法被大众直接获取，但有很多作品因为被改编成能剧而间接地广为人知。能剧是一种中世纪的剧种形式，通常取材于古典文学作品。能剧通常让某个当代（剧本创作时期）人物游览某首和歌中提到的地点并在此沉思。通过这种方式，能剧描绘出了早已消失的古代场景。有五六个能剧取材于《伊势物语》，基于"东下"故事改编的至少有两部能剧。其中一部叫作《杜若》，一说是著名的能剧大师世阿弥的作品，因此它的历史可以追溯到1430年左右。《杜若》讲述的是，一位曾经游览过京都所有著名景点的僧侣最后来到了八桥，此时距离《伊势物语》中那个男子到此一游已过去了几百年。他遇到了杜若花的精灵。花神解释说，那男子（在剧中被称为在原业平）实际上是一位菩萨[7]。另

173

174

图90：《木母寺的钟鼓》，葛饰北斋作，出自《绘本隅田川两岸一览》，1804年，彩色印刷本。木母寺是一个悲伤的地方，所以总被描绘成冬天的景象。参拜者前来祭奠被奴隶贩子杀害的梅若丸的灵魂

一部关于"东下"的能剧名为《隅田川》，该剧选取了摆渡过河时都鸟出现这段的情节。作者是观世元雅，其脚本创作时间与《杜若》大致相同。观世元雅讲述了一位当代的女子，也是在几百年后来到这个渡口，她悲伤欲绝，正在寻找被奴隶贩子抓走的儿子。船夫送她过河时，他们看见了一只都鸟，由此触景生情，吟诵了那男子的经历及诗文。与《杜若》不同的是，这部戏还加进了原创故事：在河对岸，女人看到一座坟墓，并意识到那是她儿子的坟墓，他因为病弱体虚无法前行而被杀害在这里。男孩名叫"梅若"，意思是年轻的梅花，这更加重了故事的悲剧色彩：梅树越老，开的梅花越美丽。

由于地理位置的缘故，能剧《隅田川》对于江户人意义重大。在剧本创作后的一段时间内，观世元雅的这幕悲剧所映射的这个地点——《伊势物语》原作中并无此情节——在剧本创作完成后得到了妥善处置，为了纪念这个（虚构的）男孩，人们在隅田川对岸的浅草建起了一座寺庙，名为"梅若寺"，还专门堆了一座坟丘。自然，德川家康进入江户后对这里投入了大力的支持，以示自己对《伊势物语》中男子的行动轨迹以及后人的再加工作品予以认同[8]。据说德川家康在坟墓旁种下了柳树，之所以选择柳树，是因为其摇曳的枝条与伤心女子蓬乱缠结的头发相仿。德川家康因此还给寺庙起了一个"山名"，叫梅柳山。1608年，正值《伊势物语》佐贺本出版之际，一位亲武士派的宫廷书法家近卫信尹建议修改寺庙的名称。近卫信尹觉得梅若寺这个名字听起来太悲伤了，于是建议将"梅"字拆分成两半，来减弱哀伤感。由于"梅"字由"木"和"母"组成，因此，当他的更名建议被接受后，这个地方就变成了"木母寺"（图90）。寺庙于20世纪60年代进行了重建，如今仍坐落在原地，还叫这个名字。

不知道什么时候，这里建起了江户最好的餐厅之一，紧挨着木母寺。现实中和诗歌中的城市地形有机地融合在一起。冬天来的游客会在寒冷的

图91：《江都隅田川雪之远景》，溪斋英泉作，1840年—1844年，彩色木版画。如画中所示，《伊势物语》中提到的渡船在江户时代仍然运行着。画中的季节是冬天，河流中可以见到"都鸟"的踪迹

月份看到候鸟聚集在这里，他们便把这些候鸟称为"都鸟"。旅游图片上表现的这一景点总是冬天的景色，那时鸟儿四处可见。冬季也适合能剧故事中的哀伤氛围，并且是梅花盛开的季节（图91）。

***

"东下"逐渐成为主要的绘画主题。在将这一主题发扬光大的艺术家中，最重要的是18世纪初的艺术家尾形光琳。尾形光琳生活在京都，似乎是由于后来穷困潦倒，才在中年之后拿起了画笔。尾形光琳是前面提及的与佐贺本有关的著名书法家本阿弥光悦的曾侄孙，正是为了宣告这一关系，尾形光琳借用了祖先的工作室名称"光"。尾形光琳可能接受过

177
178

狩野画派技法的培训，因为大多数有抱负的艺术家都曾经这样做过，但是他也花了很多时间临摹寺庙收藏的古代作品。然后，在《伊势物语》佐贺本出版发行一个世纪之后，大约在1708年，尾形光琳也放弃了京都。他模仿故事中的男子，走上了东下的道路。他之前已经造诣很高，但希望自己的事业在幕府精英中得到更好的发展。为了取悦这些精英人士，并且作为一个对首都心怀不满的人，尾形光琳一再描绘有关"东下"的故事，这成为了他的象征性主题。据记载，在离开京都去江户之前，尾形光琳梦见自己经过了富士山，于是在醒来后画下了山峰，创作出了关于这座他从未见过的举世无双的山岳的第一幅画。这幅画作已经遗失，但他曾经给一位崇拜者看过这幅画，此人是西本愿寺一位方丈，叫寂如。西本愿寺受到过德川家康和后

图92：《八桥》，尾形光琳作，1710年，挂轴，纸本设色。据说八桥在三河国。它早已消失，实际存在的地点并不确定，但对于江户人来说，它既代表着朝臣对京都的灰心，也代表德川氏告别三河，进军江户。尾形光琳因对该主题的诸多描绘阐释而备受赞誉

代的幕府将军的大力支持。方丈在这幅画上题了词[9]。西本愿寺藏有尾形光琳创作的一对燕子花图屏风,画上没有桥,但很显然是描绘八桥和"东下"第一程的景色。这幅作品的创作年代尚不确定,但它很可能被尾形光琳作为对方丈的答谢礼送给了寺庙,因为与寂如的交往能确保他在这个幕府城市的成功。尾形光琳在江户服务于广大的幕府精英阶层,也有可能为顶级商人服务。另一个燕子花图屏风,上面画有八桥。据记载该屏风为一个富有的木材批发商所拥有,要么是批发商个人委托制作的,要么是某个高级武士将领用以抵债的物品(这种事很常见)。尾形光琳还经常在价格适中的挂轴上描绘"东下"这一主题(图92)。

尾形光琳在江户的生活经历了三个阶段。在后两个阶段,他受邀成为酒井家族的住家画师。酒井家族与德川氏一样,都来自三河国。酒井忠举是幕府执政机构"老中"的成员之一,也是全国最有权势的人之一。他为尾形光琳争取到了一份津贴和家庭职员的职位。后来,尾形光琳离开江户,回到京都开了一家工作室,但仍然承接江户高级客户的定制任务,完成绘画后再送回到幕府之城。与此同时,尾形光琳沉迷于各种追求美的艺术活动,挥霍无度,刻意效仿那些软弱无能的古代公卿贵族的生活方式。这倒很合他的主顾的心意,因为他们把他想象为一个前朝遗老,为刚毅勇敢的江户买家描绘着京都的陷落以及江户的崛起。

大约在1800年,酒井忠举的后裔酒井忠尚在家族收藏中发现了大量尾形光琳的作品。酒井忠尚当时已经是个颇有成就的画家,但发现这些藏品后开始效仿尾形光琳的绘画。酒井忠尚使用"抱一"这个名字绘制了尾形光琳作品的摹本以及他自己创作的具有尾形光琳风格的作品。1816年,尾形光琳逝世一百周年来临之际,酒井抱一出版了《光琳百图》,这也许是日本出版的第一本收录单个艺术家作品的图书。尾形光琳采用八桥作为他的标志性主题,与此相似,酒井抱一采用了"东下"故事的第二部分,即常

图93：《常春藤小径》（宇津山），酒井抱一作，19世纪初，挂轴，纸本设色。在《伊势物语》中，经过八桥之后，这群朝臣们走上一条常春藤缠绕的小道，翻越假想的宇津山（"觉醒之山"）。在山里，他们遇见一个返回京都的僧人

春藤小径（图93），作为代表性主题。他按照时间和叙事的先后顺序效仿前辈尾形光琳，以示敬意。但是，作为大名的儿子，酒井抱一更多地直接提到德川家的权力，因为常春藤小径实际上暗指骏府城，而酒井家族在江户的早期创始人酒井忠世在骏府城辅佐德川家康多年，得到了丰厚的回报。到酒井抱一这一代，酒井家分到了更多利润丰厚的土地，并居住在全国最美丽的城堡姬路城。姬路城现在仍然名列热门的旅游路线中。酒井抱一所效仿的尾形光琳色彩艳丽、洗练简洁的绘画风格，如今被简称为琳派。

酒井抱一作为贵族精英，不考虑招收学生之事。但是，他聘用了一位叫铃木其一的年轻人做秘书，跟随他学习，并继续发扬他的（或者更确切地说，是尾形光琳的）艺术风格。铃木其一非常恰当地把"东下"的第三段故事作为创作主题的标志。他一遍又一遍地描绘男子和同伴经过富士山的情景。按照惯例，江户居民在新年时会张贴富

士山的图画。铃木其一描绘的并非寻常的富士山景色，而是男子经过山前的情景，这种方式既符合季节性主题的要求，又是对权威从京都转移到江户地区的一种公开认可（图94）。铃木其一于1858年逝世，其时幕府已经是大厦将倾。他没有接班人，但如果有的话，那个人无疑会采用"东下"的下一段情节，反复描画渡轮和都鸟。

官方的狩野派也创作了很多与提升东方地位有关的主题。狩野家族恰巧也来自骏河国（狩野也是骏河国的一个地名），这又增加了额外的砝码。狩野派自1617年加入德川政权以来，在狩野探幽的引领下开发了很多适当的创作主题，他最常画的就是富士山，因此可以说富士山是他的标志性主题。如果真是这样，那他前面就有一个无法忽视的前辈。举世公认的有史以来最伟大的日本画家是15世纪的禅宗僧侣雪舟。他擅长单色水墨画，有时会用水墨技法惟妙惟肖地描绘当地风景。雪舟居住在京都，但是他喜欢云游四方，很可能去过镰仓。源氏家族在镰仓修建了许多禅宗寺庙，香火很盛。雪舟不一定

图94：《富士山和东下》，铃木其一作，1820年，挂轴，纸本设色。《伊势物语》中的朝臣们看到了富士山。画中描绘的富士山涵盖了一年四季的景色

图95：《富士山和三保松原》，（传）雪舟作，詹仲和题诗，1500年，挂轴，纸本水墨。雪舟也许是日本绘画史上最伟大的名字。他的作品以汉画水墨风格见长，曾经用水墨来描绘富士山和清见寺，以及松林覆盖的三保海岬。这幅原作是所有艺术品中最令人推崇的作品之一，也是被仿制最多的作品

亲眼见过富士山，但他确实画过它，画面的右侧是大海，左侧是松林茂密的三保松原，与富士山交相辉映（图95）。在富士山脚下，坐落着一座建于约1260年的禅寺——清见寺。雪舟可能创作过多种版本的富士山图，在江户时代，所有人都想得到这样一幅画，因为画面描绘的富士山是江户的象征，而且出自最伟大的艺术家之手。尾形光琳曾称，他在江户的时候，带着所谓的雪舟画作前来请他鉴定的人数不胜数，尽管他没有说明是什么主题的画作，但极有可能大都是同样的富士山景图[10]。雪舟曾经画过一个挂轴，但江户人更喜欢成双的屏风这种形式。于是狩野探幽设计了一个模板，将雪舟的构图拆分到两围屏风上，右围上画的是大海和松林密布的海岸，左围上描绘富士山（图96）。狩野探幽对雪舟的模板进行了改进，此后他的工作室将这一模式广泛传播。

作为一名艺术家，雪舟享有前往中国（明朝）旅行的稀有特权。据说，他甚至得到了宫廷的赞赏。禅宗是汉传佛教的一个宗派，雪舟的水墨画被认为属于"汉画"模式。因此，他所描绘的富士山以一种外国风格展示了这座日本的山峰。中国人肯定希望看到这座山，而且对中国人来说，以"他们自

图96：《三保海滩和富士山》，狩野探幽作，1666年，一双屏风，纸本金底设色，尺寸各182.2厘米×378.5厘米。探幽采用200年前雪舟创立的构图模式，并将其嫁接到江户精英版的成对金色屏风上。上图为右围，下图为左围

己"的方式展示这座山会是一种欣慰。以"汉画"方式描绘富士山，暗示了富士山深远的国际影响力，同时向江户的观赏者传达了幕府将军的威望。

　　狩野探幽创作的许多作品，都表达了对雪舟演绎的基础性富士山图的敬意。但他也进一步将其发扬光大，将雪舟的标志性"汉画"演绎嫁接到了"和绘"的本土模式中。他在雪舟的风景画中插入《伊势物语》中发生在同一地点的元素，从而实现了这种融合。这一点不难做到，因为雪

图97：《富士山和三保松原》，狩野晴川院养信作，1834年—1846年，挂轴，绢本设色。这是一幅江户晚期的作品，是对狩野探幽的"汉和"融合作品的演绎。这类作品通常将雪舟的富士山构图与《伊势物语》中的常春藤小径组合在一起

舟描绘的图像非常精确，图中隐约可见一条通往山麓的小路，这条路可以变成常春藤小径。的确，这就是江户东海道的前身——常春藤小径，因为山上没有其他通往武藏的道路。探幽需要做的就是添加一些红点来表明常春藤的存在（在单色水墨画中添加淡彩是可以接受的）。《伊势物语》的故事中没有提到松林海岬，这一点不太好办，清见寺也是一样，所以探幽去掉了松原，将寺庙改成了农舍。这种构思成了狩野的标配，整个江户时期的狩野派画家都采用这种画法（图97）。将富士山的国际化和本土化形象（即汉画与和绘中的形象）融合在一起，后来成为所有画家的选择。此外，尽管没有人能确定雪舟站在哪个地点描绘的这一风景，但一定有一块离那里很近的高地，能给画家提供一个非常相似的前景。在狩野探幽那个时代，这片风景的后面坐落的是德川家康的陵墓。如今，这里被冠以一个颇具民族主义色彩的名称：日本平。

"东下"始于难以定位的八桥。德川氏的起源最好也保持些许朦胧感。但是，常春藤小径经过了德川家康的成长之地与安息之地，还是一条重要的幕府大道。富士山享誉全球。前方更远处，是雪舟从来也不曾知晓，但是《伊势物语》里曾经预言过的地方——幕府城江户。在那里，都鸟们唱着挽歌，哀叹宫廷权威的丧失。

第六章

吉原一游

185   **随**着江户的发展，城镇居民人口不断扩张，但普通市民迫不得已只能住在沿海的限定区域内，后来逐渐聚集在大桥对面的新建区。同时，大量妇女从农村进入城市打零工，做女佣和家仆，而跟随大名来江户的人员当中有大量的外地男性。当地居民和暂时处于单身状态的女性，尤其是暂时单身的武士阶层男性，需要一些能够进行社交活动及娱乐放松的空间，当局对此也表示理解。

  提供娱乐消遣的场所有很多，从寺庙到餐馆、酒馆，比比皆是。江户拥有各式各样的文化和文学圈子，这些志趣相投的人喜欢在茶馆和店铺聚会。本章介绍的是一种更为正规的娱乐场所，也就是后来被称为"浮世"的一种场所。这与那些崇尚礼仪、优雅、资产阶级文明、武士忠诚和宗教生活的"正统的"世界形成鲜明的对比。如今，这种场所有时被称为"享乐区"，但是不应想当然地以为所有参与者都能乐享其中。最初，主要的浮世区位于鱼市后面的日本桥附近，因此江户所有居民都可以自由出入。

186 从本质上讲，广义的浮世分为两种，或者有人会说，就像硬币的两面一样：一种是歌舞伎剧院，另一种是红灯区，或后来称为"廓"的地方。这两种浮世都允许从事一系列的不合规的社交活动，但是随着时间的推移，它们也都获得了规范的行为准则，摆脱了低级淫荡的恶名。浮世是江户的官方异化场所，并获得了幕府将军颁布的法令许可。

  歌舞伎剧院分布在城里的两大街区，分别是荣町和吉町（町指街或街区），而红灯区就在附近的吉原町。剧院里上演的是有关现代生活的戏剧，讲述市井愿望的实现，而红灯区则是男性自我上演梦幻奇遇的乐园。两者都提供了多种多样的表演形式，但它们也都属于妓院的范畴。从1629年开始，演员都是男性，可以在表演前或表演后进行私人表演，而且剧场里有相当多的攀附富贵者实际上是男性性工作者。在"廓"里，餐饮服务和性服务之间的界线并不总是那么清楚，而且还可以召唤一类"高等妓女"（"游女"）提供有偿服务。女人，甚至包括武士家族的女人，都可以去歌舞伎剧院观看表演，还可以接受演员提供的其他服务。当然，男人也可以。不过，只有男人才能进入吉原——当然，在那里工作的女性除外，少了她们可不行。

1657年的毁灭性大火摧毁了江户整个市中心地区，也摧毁了"浮世"区。 针对灾难，幕府采取了几项应对措施。首先，是在大河上建一座桥，以利于灾难时逃生，并通过开辟新的土地来降低平民居住区的密度。第二个措施便是为"廓"重新选址。剧院保持原地不动，很可能是为了方便女士们光临，因为她们不能随便在城中游逛，但是红灯区必须搬迁。虽然火灾不是由红灯区引发的，但是这里终究是彻夜营业的地方，到处是油灯、火盆和火炉，游客们或情绪激昂或醉眼蒙眬，很容易发生事故。这些场所的管理者可以选择搬迁到桥那边的新区，或者迁到东北方向的浅草和上野，在神庙以外的区域。他们选择了后者，吉原在那里重新开张，称为新吉原。在接下来的两个世纪中，它将成为江户最主要的淫秽场所，男性的梦幻乐园。还有其他一些非官方场所，供男人们喝花酒或嫖妓，称为"冈场所"。男妓继续出没于歌舞伎剧院周围，但是只有吉原，后来是新吉原，获得了官方许可并被视为妇女从事异性性交易的合法实体，因此便催生了一种让居住在江户的男人和女人同样迷恋的现象。从那时起，日本人就开始沉迷于逐渐兴起的绘画和版画等视觉文化，而当巴黎的印象派画家

187

首次邂逅"浮世绘"时，外国人也开始对此感兴趣。

吉原搬出城后（"新"字很快就去掉了），与东北方向寺庙后面的那些地方为伍，成为令当局不快但又必不可少的地方，例如处决犯人的刑场以及皮革加工作坊，这些地方都被称为"恶所"。从东北向西南方向移动的精神力量"气"在这里进入城市，会被这里的恶毒污染，但随后又会被神庙所净化，然后才进入江户。然而，吉原并非由于性的淫荡而邪恶。如前所述，它的恶的本质源自它的奢靡，源自它是虚假和谎言的温床。女人和男人的山盟海誓，第二天早上就抛诸脑后。幕府对性交易睁一只眼闭一只眼，但是却极其排斥缺乏"诚"的行为。吉原所体现的是经济和言语上的挥霍浪费，而且与剧院表演不同的是，在吉原，虚假的行为是由真实的人做出的——在法律上，演员被归为异类，或称"非人"。

吉原从市中心的旧城区迁出后，去那里需要长途跋涉，相当艰辛。之前有很多书籍都介绍过该地区——那里发生了什么以及产生了什么影响——但很少有书提到人们前往吉原的旅途艰辛[1]。本章的目的，就是要把"廓"纳入幕府城江户的范围之内。一个正派的男人离开江户时可能是个"正派的"人，但是当他来到吉原时，心态就会发生变化，变得"轻浮"了。 这条路线涉及空间认知的转换。 来到吉原要经过一系列影响心理转变的节点。 这些节点迫使吉原背井离乡，并划分了一条隔离带，将这个区域与幕府将军的属地区分开来。

在融资、订立契约（妇女必须签契约）和性健康等方面，吉原的现实是冰冷的。但是本书援引的文献记录是关于吉原的神话，是让男人招之即来的神话。吉原的业主和推广人为了吸引江户人前来消费，发布各种夸大其词的图片和广告，对目的地的真实情况加以美化粉饰。其实，吉原只有五个城市街区那么大，实在是太小了，根本无力接待大批量的观光客。对于绝大多数男人以及除了在那里工作的妇女之外的所有女人来说，这地方都只是个想象中的世界。浮世绘图片以及洒落本的畅销为此地编织出耀眼的光环，诱导出一派声色犬马的享乐景象，用事先虚构的游客经历，哄骗那些从未有机会看到实际状况的人。这类体裁作品的主题并不是在那里工作的妇女的生活，甚至也不是客户的经历，相反，其重点反而是要掩盖这些真相。图片和故事不过是"浮世"的颂歌罢了。

*　*　*

前往吉原有多种方式。有多条道路从城市通往浅草及更远的地方，但大多数游客选择的路线都经过位于江户市中心的柳桥，神田川就在这里汇入隅田川。每到夜幕降临，大批小船聚集在这里，载着狂欢者溯流而上。人们先乘船行至山谷，大约需要90分钟的航程，然后下船再步行15分钟到达吉原。 两个多世纪以来，这条线路中的这两段路程都在纸质记录中有迹可循，既有文字评论也有图像记载。

柳桥这个地方，很久以前就有一座桥，18世纪中期，神田川的河口处种了一片柳树林，此桥因此得名。船只从这里出发开往许多地方，但是到了晚上，当吉原营业时，除了去那里的人以外，别无其他顾客。另外，也有人去往附近深川的"冈场所"。大约有七八百艘船只停泊在这里，等待着顾客的光顾，女拐客则与男人搭讪并护送他们上船（图98）。

这些船形状很特别，船体很窄，船头扬起，速度很快。有人用诗一般的语言描述说，小船看起来像漂浮在水中的叶子。因其船身很低，它们通常被称为"猪牙船"。 在江户，乘坐渡船很普遍，尤其是坐渡船过护城河，但是那些船只嘈杂、笨拙，乘客包括三六九等，人员杂乱。 相比之下，"猪牙船"只供私人包租。这些船的最大载客量是三人，外加一个船工，但是为了提高速度，大多数人都选择独自包船。 乘客面向前方，船工

在他背后，处于其视线之外，这让人体验到一种从未有过的孤独。江户的穷人很少出远门，而富人大多有仆从跟随。黑暗增加了水上的与世隔绝感，并引发一种错乱的情绪，随着旅途的进行，这种情绪将越来越强烈。

狭窄的船只极不稳定，因此身体必须尽量保持静止。船上的男子采用的是盘腿坐的方式，这是佛教画像上常见的"莲花坐"姿势的放松版。盘腿坐是个很常见的姿势，但是在男人的眼中，去往吉原的游客是以佛陀的身姿开始旅行——旅途就是一个冥想的过程。

从一开始就借助佛性肯定有其意义。吉原是男人

图98：《柳桥》，鸟文斋荣之作，出自《三福神游吉原图卷》，又名《全盛季春游戏》，19世纪初作品，手卷局部，绢本设色。鸟文斋荣之采用手卷这种表现方式来描绘沿河的风景，使之呈现出整个吉原之旅的连续视图。三个男人在桥上相遇，那里有船可以带他们溯流而上

们寻欢作乐的地方，他们心里明知这种行为是错误的。这是"恶业"的根
源。正如佛教真谛所揭示的那样，享乐就是贪欲的表现。"浮世"这个标
签本身就承认它缺乏持久性，这实际上与严肃的宗教思想是一致的。当男
人逆流而行时，他会想明白，与妓女共度的时光，并不否定所谓的享乐实
际上毫无意义的说法，相反，它恰恰证实了这一点。吉原其实等同于觉悟
之地，两者并不矛盾。错误的是所谓正常的城市生活，以及对一成不变的
错误渴望。在某种程度上，妓女和佛陀是一样的：两者都无家可归，都无
世俗的牵绊，也都没有业障。他们都没有家庭，没有父母、孩子或职业。
浮世绘创作就是为了支持这种相似性。铃木春信是自1765年以来的第一位
商业彩色版画家，他描绘了一只前往吉原的猪牙船。撑船的不是粗鄙的男
船夫，而是一个美丽的女性市民。船客也不是典型的寻欢作乐者，而是禅
宗的创始人菩提达摩，他的觉悟道行可是大大高于其他世人（图99）。菩

191

图99：《达摩与船工》，铃木春信作，1767年，彩色木刻版画。这幅幽默的画作将粗鄙的船夫换成了一名年轻女子，而把追求享乐的乘客换成了禅宗的创始人菩提达摩，在乘船前往"浮华世界"的路途中，他还要精心打扮一番

提达摩注视着流水中映出的面孔，这本是一种佛教惯用的观照贪念的隐喻表达，但画中的达摩却在利用水中倒影为即将到来的春宵梳理打扮。当然，这种画作带有个人偏见，有戏谑成分，但也不无道理。佛教僧侣长期以来一直在争论"色即是空，空即是色"，一旦接受"色"转瞬即逝的本质，就没有必要加以回避——实际上，墨守成规是更严重的错误。

当船驶离岸边时，男人在思考这些难解之题，树木也从视线中渐行渐远。柳树是一种固有的象征，与他的目标也有关联。柳树纷乱缠结的枝条常被比作冤死女人的蓬乱长发。在江户传说中，冤死的女人大多由于性虐待和色狼残酷的蹂躏而变得精神错乱，死后仍然无法摆脱怨愤，于是变成鬼回到人世间。柳树便是这些被骗妇女的寄所。因此，这是对身为某人夫婿或即将成为某人夫婿的寻欢作乐者的最后警告。随后，当小船到达吉原时，柳树的象征主义将再次浮出水面。

神田川上的柳桥就在1657年大火过后建造的那座大桥的上方。这座大192桥前文曾经提及，但未提及名字。它被称为两国桥，因为它把江户的武藏国和旁边的下总国连接在一起。船从大桥出发，驶向上游，沿着两国之间的空隙行驶。吉原之旅就沿着这条独立的、在司法上归属并不明确的界河展开。正如一句都市川柳体裁的俳句所咏：

在两国之间穿行——
如风驰电掣！[2]

小船驶入大河之后，男人的眼睛已经适应了黑暗，能够看清河岸上的情景。不久，幕府的米仓映入眼帘。这个区域被称为"藏前"或"御藏"，白天充满生机，码头工人不停地装卸粮包；到了晚上，这里却很安静。去到吉原的这位游客可能会发现江户城的丰衣足食是怎么来的，而那些为此辛劳的人现在终于可以歇息一下。船上这个清醒的人却恰恰相反，他注定要一夜无休。

由于"敬畏"的观念，政府场所几乎从来没有被人描绘过，甚至幕府仓库也必须谨慎对待，现有的图画仅能提供它笼罩在薄雾中的模糊形状（图100）。只要有可能，幕府就会将其建筑隐藏在大门后面或常绿乔木中。藏前的码头从城市里几乎看不见，但是从河里就可以看到它们。在米仓码头的中间，种有一棵常绿的松树。幕府主要种植松树，因其结实耐用、寿命长久，还因为它们具有坚毅和长久的象征意义——这正是政府的理想。码头中央仅种了一棵松树，因为种得多了会妨碍生意。

这棵树很奇特：它上下颠倒。这样的松树俗称"首尾松"，或换个说法，叫"颠倒松"，其枝杈弯曲着伸出到水面上并向下倒长。结果，树的头部最后长到了树脚的下方。如果不在水中打上木桩控制住，它甚至可能会翻个筋斗。 这真是一个完美无缺的倒

193

图100：《藏前》，鸟文斋荣之作，出自《三福神游吉原图卷》，又名《全盛季春游戏》，19世纪初，手卷局部，绢本设色。出于忌讳，幕府米仓只画出了屋顶部分，右侧则是著名的颠倒松

置符号。船上的男人正处于颠倒混乱的状态，正在奔向色情和失德的路途上，但是幕府对此予以认可，并给吉原颁发了执照。那些在黑暗中路过的人可能会好奇，第二天早晨，当劳力们返回码头，道德规范得以恢复时，松树是否会自己正过来。这种树也有双关意义，因为"首尾"的日语读音也有"成功"的意思，即"情场得意"[3]。

河对岸稍远一点的地方，种着另一棵树，是一棵甜橡子树。有个非常古老的武士家族——松浦家族就是用这种树来装饰家宅。猪牙船在夜间根据这棵树确定方位，"如离弦之箭一般向它冲过去"[4]。这棵树"比大名的名气还要大"，而且"从右边看起来绝对比从左边看起来有趣得多"，也就是说，溯流而上时看到的景色比顺流而下回家时要好看得多[5]。松树是弯的，而甜橡树又高又直，两者形成鲜明的对比。甜橡子树也是一词多义，因此也具有象征意义。中世纪武士将领源赖政晋升为从三位时，曾经作诗纪念，将其以前的"四位"官阶与其同音异义词"甜橡子"进行了双关表达。源赖政此前曾希望逃避俗世的烦扰，而这首诗表达了他因为此次晋升而决定打消这个念头：

194

若非擢升的消息到来，
只能排名第四，
只能在树下收集甜橡子，
了此一生。[6]

有一首佚名川柳诗，其中提及源赖政的诗句这样写道：

那棵甜橡树！
确实排名第四！

我现在正要去

一个世外桃源。[7]

　　源赖政曾追求过深藏功名的生活，但最终放弃了。然而，吉原游客要去的正好是这样一个地方，因为"廓"又被称为"隐里"，那就是江户男人要去的世外桃源。

***

195　　再往前行进一段距离，就会看到下一组相关标志物。这时小船来到了东北方的佛教寺院区域，过了浅草寺有两个小一点的神社。小船早先

图101：《雪中的隅田川两岸》，喜多川歌麿作，出自《银世界》，1790年，彩色印刷本。三围神社的大门被河堤挡在后面。隅田川的这一段在绘画中几乎总是被表现为冬季的景色

从两国之间穿过，接着从两棵树之间穿过，现在游客受到了佛寺和神道教神社的夹道欢迎。河的右手边是三围神社。神社的主祭神是狐狸神——稻荷，因为据称狐狸能够变形，这一点很重要。狐狸进入人类世界时就会现身，能被人看到，但也会突然消失，进入另一个世界。三围神社是一个谜一般的地方。就像狐狸一样，神社似乎也是时隐时现。神社的建筑本身是正常的，但是神社前面筑起了一道防洪土堤。因此从水上看去，只能看到神社大门的横杆（图101）。有一句川柳诗这样写道：

鸟居看似陷入了堤坝。[8]

图102：《圣天》（欢喜天和他的伴侣拥抱在一起），宝山湛海作，1686年，镀金黄铜像。婚姻爱情之神被刻画为两只紧密相拥的大象（象征着宽宏大量）。江户寺庙里供奉的神像秘不示人（现在仍然是这样），但很可能与此图中的塑像差不多

再来看左手边，在众多归属于浅草寺的寺庙中，只有一座立在河边，这里供奉着婚姻和睦之神——圣天。圣天神的形象是雌雄同体，象头人身（大象代表心胸宽广）（图102）。这一点对吉原游客来说意义非常重大，因为他们的婚姻纽带或未来的婚约经过这次旅行不可避免地会变得不那么牢固，旅行者会担忧地回想起自己的旅程是如何始于垂柳之下。圣天殿建在待乳山（又称真乳山、真土山）上，位置突出。待乳山曾经很高，但因建堤取

土，有一部分被夷为平地。就像三围神社的鸟居一样，这座寺庙似乎也逐渐在视野中消失了。对于夜行人来说，这意味着"正统"世界制定的宗教戒律正在悄然溜走。

196 　　游客来到这里后，不可思议的事情发生了。在沿途经历了两不管地带、首尾颠倒松之后，他，死了。江户大多数家庭在浅草建有墓地，许多人来到这里，是因为在特定的日子要来扫墓。寺庙过去不远就是江户的瓦窑。根据幕府的命令，所有建筑物的屋顶都必须铺上瓦块，以防火灾。但是，烧窑是很危险的，因此只能在市中心之外的地方生产瓦块，而烧瓦所需的水和黏土郊区到处都是，成品瓦则可以用船运送到江户。每逢节假日，这片区域很安静，但在工作日的晚上，炉火熊熊，空气中浓烟滚滚，火花四溅。这种景象在四周墓地（今晚的游客迟早要去的地方）的衬托下，让游客感到仿佛来到了地狱的血盆大口（图103）。

　　一位佚名的浮世作家在1678年指出：

图103：《浅草寺和瓦窑》，狩野休荣作，出自《隅田川潮流图鉴》，1750年—1772年，一套三个手卷，纸本设色。 作为狩野派官方画家，狩野休荣不会描绘有关"浮世"的主题，但他可以像这样描绘大河的全景。浅草建有一座最大的平民寺庙，附近是最重要的烧瓦厂，画面中的瓦窑笼罩在火炉冒出的浓烟中，隐约可见

烟云滚滚，如幻如灭，多么像另一个世界的景象。但是那又如何呢？你认为这与你无关…… 你满怀期待，浑身颤抖……多么愚蠢！[9]

中世纪有一种叫作"道行"的文学体裁，讲述一位伟大的武士被捕后被押送到处决地的故事。这类故事通常让主角们沿着某条道路走过一系列著名的地点。这条道路在地理上并不存在，但包含了所有能唤起主人公悲惨境遇的地点。该类体裁的故事通常以死亡结束。吉原之旅就是对"道行"的戏仿，一半是幽默，一半是一针见血的严肃。旅途中的地点就像"歌枕"，带有明显的含义，暗夜行船以一种并非严格符合地理事实的方式将这些地点串联起来。最终，此人死了。

如第五章中所探讨的10世纪文学作品《伊势物语》中所述，那只古老的渡船在隅田川的摆渡地点就是浅草。当游客的猪牙船驶近时，也许它还在河上往来摆渡。至于《伊势物语》的主人公为何会远离京都家乡来到浅草，有着各种各样的解释，比较权威的说法是他是被流放到这里的。故事中并未明确述及，但有一种解释认为他卷入了一场通奸案。这种说法来源于据称由该男子和他的情人所作的几首和歌，这些和歌收录在公元905年编

197

纂的《古今和歌集》中。女人的诗中写道：

> 君来也，我去也？
> 我说不清。
> 究竟是梦还是醒？[10]

男子同样含糊其词地答道：

> 我迷失在心之幽暗。
> 是梦还是醒，
> 世人来决定。[11]

隅田川上的这一地点，古典文学中提及的唯一一个属于未来江户地区的地方，其意义产生于诗文中对放荡不羁的质问，以及彻头彻尾的利己主义的应答。

渡船离开圣天殿，来到木母寺。木母寺围着一座坟墓逐渐扩建而成，这座坟很有名，上一章中也提到过，是中世纪的能剧《隅田川》中的重点情节。剧中讲述了一个女人，因为她的儿子被掠为奴隶而悲伤疯癫，来到此地。船夫把她送到对岸后，女人看到一个坟墓，意识到这就是被奴隶贩子杀害的儿子的坟墓。渡船在浅草（现代的死亡之地，喷吐着灰烬和火焰）和木母寺（古代文学中的死亡联想）之间穿梭往来。为了捕捉这种感觉，画家在描绘这一段河流时通常把它表现为冬季被厚厚的积雪覆盖的景象（图90和图91）。众所周知，候鸟在冬天会聚集成群，因此这种联想具有其合理性。在《伊势物语》中，男子曾在这里见过"都鸟"，能剧中也提到这一点。有一首川柳短句将这些因素联系在一起：

瓦师假装认出了都鸟！[12]

葛饰北斋也曾将两者结合在一起，那是一本隅田川指南画册中的两页
插图（图104）。现在我们来梳理一下吉原之行的时间顺序：柳桥告诫游客
要警惕受冷落的女子盛怒之下可能做出的可怕举动，圣天神则提醒他牢记
合法的婚姻关系。《伊势物语》中提到的地点及其相关诗歌则指出破坏行
为准则的苦果，然后木母寺唤起了对女性坚毅力量的敬佩。为减轻这一切
带来的恐惧感，我们可以回想一下，神社和寺庙似乎都落在地平面之下，
而吉原游客也"死了"，不再是"这个世界的人"。在他死后的黑暗中，
正统规矩的影响力逐渐减弱。

小船停靠在岸边，让男人在山谷下船，大河在这里形成了一个小河
湾，不受水流的冲击。河上有一座桥，可以直通瓦窑，还有一家叫"都
鸟"的茶馆。男人走下摇摆不定的小船后，不再是一个江户人，而是一个
悬浮的没有着落的人。

＊＊＊

如果说沿河之旅让人摒弃了公民道德规范，那么从山谷到吉原的下一
段旅程将带来一次重新调整。由于洪水泛滥，从河边通往"廓"修筑了一
条高出地面的道路，穿过一片既非陆地又非水域的沼泽地。路很宽，可以
双向通行，因此被称为"二本堤"（日本堤），即"二道堤"，该词的读
音与"日本桥"一词是相同的双关用法。[13]称其"日本堤"是因为通往吉
原寻欢作乐的道路是幕府下令修建的。但是，江户的核心地标既是"二道
堤"又是"日本桥"，大桥将河两岸连接在一起，而这条路却有一个奇怪
的类比：它将河边的死亡与即将到来的重生联结在一起。

200

图104：《今户夕烟》，葛饰北斋作，出自《绘本隅田川两岸一览》，1804年彩色印刷本。夜深了，烧瓦工仍在忙碌，一只"都鸟"正振翅跳入河中

从河边到"廓"距离不远，步行可至，但是最好租顶轿子。有数百顶轿子等在山谷里，猪牙船和轿子是这段路程的一对组合交通工具，两者都是吉原之旅特有的，猪牙船只在来吉原的时候用，平时很少有人乘坐，而轿子也是城里见不到的。普通的江户坐轿一般是架在杆子上的露天椅子，重要人物乘坐时，就将座椅围起来，以防止被外人看到。但是由于天气寒冷也为了避免尴尬，吉原的轿子四面都遮有挡板。坐船旅行已经令人孤寂无言了，轿子又是另一种运输工具。此人被封闭在轿子里面，以前在城里可从未体会过这种感觉，上下颠簸着朝着某个未知的地方前行。这与人死后的情形可不就是一模一样吗？逝者会受到观音的迎接，而观音正是浅草寺供奉的那尊神。观音用一朵莲花将其包裹起来，并接引他们到净土重生。吉原就是那个天堂。另一首川柳句把这种情形与瓦窑相比，写道：

> 通往天堂和地狱的道路，
> 在山谷桥上分岔而行。[14]

二本堤还有个绰号，叫作"变形之道"[15]。走到堤路的尽头，这个人便不再是之前的自己了。更准确地说，江户严格的等级划分体系在这里已经瓦解。为了防止闹事斗殴，吉原禁止携带武器。沿着堤路建有寄存行李的小屋，武士必须把武器寄存在这里，第二天早晨再来取。男人们下船时，尚带有规定的身份，属于地位承袭的团体阶层；走到路堤上，他们便失去了身份，变成了普通人。

武士与平民的阶层划分定义了德川统治下的主要社会存在。第二类就是神职人员和俗世人之间的划分。在城市各处都可以看到僧侣，他们的僧衣和光头很容易识别。虽然僧人被禁止出入吉原，但这一地区寺庙众多，不可避免地会有一些僧侣会想方设法进入吉原。因此，小屋也可以寄存僧服。僧侣没有头发，很难隐瞒身份，但是由于医生也剃光头，僧侣们便把僧袍换成医用大褂。因此，对于偷偷除去僧侣外衣的做法，有很多带有色情意味的诙谐评论[16]。其中有一首诗模仿了松尾芭蕉的一首著名和歌。诗人芭蕉曾经写道，他躺在位于浅草寺和宽永寺之间的家中床上，听见寺庙的钟声鸣响。他发出好奇的疑问：

花团锦簇中敲响的钟声——

是来自上野呢？

还是来自浅草？[17]

仿作则这样写道：

路堤上走来一名医生——

他是来自上野呢？

还是来自浅草？[18]

他其实是来自浅草寺或宽永寺的和尚。

社乐斋万里在1771年创作的中篇小说《当世穴噺》中对日本堤的变形效应进行了更深入的模仿。万里把变形放置在荒诞的昆虫学语境中：

来看一下当今世界正在发生的变形记。我们发现幼虫会萌出翅膀并飞走，比如蚊子；或者蛆虫会长出翅膀并起飞，比如苍蝇。同样，毛毛虫变成了蝴蝶。妓女摇身一变成为普通妇女（当允许她们离开吉原时），跑出去狂欢。男人变成女人，并被称为"女性角色专家"（歌舞伎演出）。武士在船夫的小屋里放下双剑，变成了普通市民。僧侣变成了医生。[19]

蝴蝶可能比幼虫更自由，况且，幼虫一旦失去了保护壳，就活不了多久了。吉原，是对现实的一种颠倒，但并不能替代现实，其享乐模式从长远来看是不可能持续的。

歌川广重在他1856至1859年间创作的《名所江户百景》中描绘了这条堤路。男人们或急匆匆步行，或坐在轿子里，穿过道路两旁的小屋（图105）。路堤像一个分水岭，绵延穿过一片既非水域也非陆地的沼泽地。大雁在头顶飞过，天空中明月高挂，表明这是秋天，是变化的季节。就像浅草到山谷的景色几乎总是描绘成冬天的景色一样，绘画中的日本堤几乎总是秋天的景象。许多画作还总是描绘雨中景色，让属阳的男游客被属阴的雨水淋湿，但是歌川广重这幅画并没有这样做。

秋天让人联想到枫叶，路堤旁有一座著名的寺庙——真灯寺。寺里有许多枫树，当秋天树叶变红时，许多游客慕名而来。这个传统也有其合理的解释，有一句川柳揭示了日本堤为何被定位为秋天之地，而不是其他季节：

205

真灯寺，
什么，枯叶？
踏过直行便是。[20]

从路堤向左拐有一条下坡路，叫"衣纹坂"。限

图105：《吉原日本堤》，歌川广重作，出自《名所江户百景》，1857年，彩色木刻版画。路堤通向红灯区，天空中大雁飞过秋月，强调了"变形之路"这一绰号。寻欢者或步行或乘轿，两旁的小屋保管着他们的钱财。画面的中间地带就是吉原

奢法令禁止在江户穿豪华服装，但在吉原不受限制。在这里，游客可以拿出华丽的外衣，或者把穿着的衣服反过来，露出华贵的内里。人们穿着自己喜欢的，而不是当局为他们规定的服装进入吉原。这简直彻底颠覆了他们道貌岸然的自我。

衣纹坂呈V字形或狗腿形。这是模仿主要公路上的政府检查站的入口处，特意设计障碍以防止拥堵。在此设计一个急转弯，表明由此开放空间进入监控区域，或者说从自由迈入监视。刚刚到达吉原的人感受到了官僚主义噩梦即将来临的重压，而吉原的大门以及环绕着大门的篱笆与检查站极其相像，更加重了这种感觉。吉原的开放得到幕府的勉强同意，但随时都会被关闭。可是，一旦进入吉原，这种感觉便迅速翻转，男人发现这里并不是一个特别严苛的地方，而是一个获得特种许可的空间。

从衣纹坂通往大门的路面长约50间（一间约等于0.5公里），被称为五十间街。传说从地球到天堂的距离是"一百万里格（一里格约等于3英里或5公里）的50倍"[21]。在这里，一个男人以缩减版的方式完成了最终的蜕变。由于禁止乘轿穿过吉原大门，因此男人必须在这里下轿。包裹着他的"莲苞"绽开了，他发现自己来到了天堂。

吉原门口的右侧有一个招牌，就像城里许多招牌一样，详述了各种法规和指示。这个牌子公布的是本地区的章程。这是最后一次提醒：吉原的经营活动受到各种条件限制，违规的话可能会被吊销执照。牌子对面的左手边有一棵柳树，名字叫"见返柳"。早上，游客依依不舍返回山谷的时候，会反复驻足回望。这次旅程始于柳树，也终于柳树。当然，这棵柳树的意义对于归途更加重要，它提醒那个男人，甚至早在他进入吉原之前就提醒他：他终将离开这里，回到一个女人待他更加"真诚"的地方。

衣纹坂和大门之间的平坦地带林立着一排商铺，两边各有大约十几间。左边中间位置属于江户最大的浮世图书及印刷品出版商——茑屋重三郎，他是一位富有创新精神的后起之秀，其发行的出版物后来成为行业的标准。茑屋重三郎也被称为"茑重"，从18世纪70年代中期开始在这里经营；1782年，他购买了自1718年开始发行的半年刊吉原游历指南《吉原细见》的发行权，这次收购使茑重成了本地区各种信息和传说的主要传播者。游客们翻阅他最新出版的刊物，了解各种信息，然后来到吉原亲自体验这里的环境。由于地理位置的局限性，并非所有男人都来过这里，而女人根本就没有来过。因此，茑重在江户开了一家商店，使更多人得以了解吉原，极大地扩大了它的影响。这就打破了浮世与正统世界之间的警戒线。幕府本来已将吉原"驱逐出境"，但它现在借助印刷而成的书籍和图像卷土重来。当局对此感到震惊，尤其是感到他们的制裁令居然如此不堪一击。一位高级官员明确表示反对，理由是：妈妈们按照吉原的流行方式打扮她们的女儿，已经成为一种时尚标准，这"虽然漂亮，但让女孩子看上去像是来自花柳街的见习妓女"[22]。

无论如何，游客终于来到了吉原的大门口。浅草和山谷总是冬天的景象，路堤是秋景，而吉原总是春天的景象（图106）。这是最好的季节（夏天太热），也是樱花盛开的时节。象征着女性美丽的樱花是吉原的典型代表。在描绘吉原的无数图画中，几乎没有春天以外的景象，也几乎没有一幅不是樱花盛开的时节。绘画有创作的自由，可以高于生活，但是现实生活也可以模仿艺术。吉原的主要街道上种满了樱花树，但是只在春天栽下。花期结束后，樱花树便被挖出移走，第二年再移回来。即使在现实中，吉原的人也从来看不到过了花期的樱花树。因此：

年年岁岁植樱花，
只为呼客来。[23]

1780年代，一位在茑重的圈子中非常有名的浮世绘艺术家鸟文斋荣之，他想出了一个创意，用手卷的形式全景展示吉原路线的连续景象。以前也有描绘大河沿途景点及其支流的图像，但这些是给普通观赏者看的。鸟文斋荣之也创作了很多这样的图画，但他还创作了一个次主题，专门描绘通往山谷的柳桥，然后是通往衣纹坂和吉原大门的日本堤，一直到吉原的闺房。（前文中已经展示过一些画作的局部，参见图98和图100）。

在鸟文斋荣之的画作中，吉原游客通常不是人，而是所谓的福神。这些神祇是新年装饰画中的主要角色，因此鸟文斋荣之可能是打算

图106：《在吉原花街观看仲之町大街上的游行》，喜多川歌麿作，出自《普贤像》，1790年，彩色印刷本。尽管对于在那里工作的人来说并不好玩，但吉原被设想为一个皆大欢喜的地方，因此画中的吉原总是处于一年中的最佳时光，即樱花盛开的时节

将这些画作当作节日礼品，便于勾栏院和顾客之间，或是挥金如土的男性友人之间互相馈赠。另外，他的想法可能是让不同阶层身份的人都喜欢这些图片，因为在来到吉原之前，武士和市民的外表悬殊，他们可能无法认同与自己身份不匹配的图片。

从一个人在江户的家或工作地点到达吉原大门，这段旅程要花费大约两个小时。江户的主要计时单位是"时"，一个"时"大约是现代的两个小时，所以一天一夜由12个时辰组成，而不是24个时辰。6个时辰分配给白天，6个分配给夜晚，每个时辰都会敲响钟声，从日本桥这里开始敲，敲几下钟代表第几个时辰。一个时辰又被细分为6刻，中间大约每20分钟击一次板。

吉原游客会在白天的最后一个时辰，即晚上9点到11点之间离开江户市中心。吉原大门在夜晚第一个时辰的起点，即11点关闭，因此他们必须在此之前到达，否则就会被拒之门外（实际上，还有个后门一直开着供迟到的客人进入）。为了防止人们抵御不住诱惑，过早逃离城区，在一切都是扭曲了的吉原，时间也是扭曲的[24]。白天的最后一个时辰以正常的方式开始，但省略了中间的四次击板，令时间显得富有弹性。这段漫长的寂静时期，只有到了最后一刻钟声响起时才被打破。但它并不是敲响下一个时辰（夜晚第一个时辰）的数字，而是再次敲响日间最后一个时辰的数字。用现代术语来说，因为取消了击板声，晚上9点到11点之间人们会感觉很松弛，然后这个时辰开始回放，占据了原本属于晚上11点到凌晨1点的这段时间。这样，那段省略的时间通过向前快进一个时辰进入深夜得以弥补，这也是男人感到吉原的夜晚太短的原因之一。由于吉原之旅通常要花两个小时，所以一个人会在钟声敲响时离开家门或结束工作，而到达吉原时相同次数的钟声再次响起。此前的旅程充满了意义，因此如白驹过隙，转瞬即逝。然后，大门被锁死，割断了浮世与正统世界之间的联系。

穿过大门，在吉原内部，生活呈现出一种崭新的方式，但寻欢作乐也要秩序井然。法律可能不再那么严格，等级制度可能不那么分明，但自行制定的行为准则早已深入人心。没有人希望被贴上"愚蠢"或"土包子"的标签。想要通晓这里的规矩，必须经常到访，而能做到这一点的人称为"通人"。尽管"通人"一词表达的意思可能不完全贴切，但他们清楚上述讨论的所有细节，以及大门内发生的一切。有人称这里为吉原国，好像它是幕府属地内的一个自治区，类似大名的领地。无论如何，这里还是日本，只不过是扭曲的日本。立法要求吉原的建筑必须是标准建筑，其街道看上去与江户其他街道没有什么两样[25]。但是，对于吉原的狂热爱好者以及沉迷于其视觉和文字幻想的人来说，吉原就是一个独立的王国，甚至有人印制了地图，在日本轮廓图上将吉原专门标出[26]。这样的地形图对于指引游客没有一点用处，但它代表着一种承认，将烟花柳巷看作一种独特的现实存在。

* * *

大约在1795年，茑重出版了浮世绘大师喜多川歌麿创作的一套版画，名为《青楼十二时》。"青楼"是对妓院的一种诗意表达，这里专指吉原。这些版画描绘的主题时间跨度为一天一夜十二个时辰，其中一幅描绘夜间最后一个时辰（凌晨5时至7时）的画像非常有趣，喜多川歌麿按照十二生肖将其命名为卯刻（图107）。它描述的是顾客清晨即将回家的情景。

画中并未出现顾客的身影，因此（男性）版画买家可以想象自己就是画中那个角色。一位妓女正递还他的外衣。喜多川歌麿笔下的女人总是无可挑剔，但是，这幅画中女人的头发有一绺垂到前额，这是喜多川歌麿在尽可能不动声色地展现她的疲惫状态。男子的服装露出了绘有菩提达摩画

图107：《卯刻》（上午5点至上午7点），喜多川歌麿作，出自《青楼十二时》，1794年，彩色木刻版画。清晨，一个筋疲力尽的性工作者将外衣递给她的顾客。衣服的内里绘着禅宗创始人达摩的画像。这幅版画寓示，吉原一夜令人觉悟

像的豪华衬里（菩提达摩在日语中称 Daruma，是禅宗的创始人，我们在铃木春信的版画中见到过，参见图99）。喜多川歌麿似乎在暗示，在吉原住了一个晚上之后，游客会达到一种脱离世俗羁绊的状态，类似于觉悟，甚至达到了菩提达摩的境界。这种领悟可以说是内在的，男人把"浮世"教给他的知识隐藏起来，返回城里，恢复世俗的工作。

回家的游客走上衣纹坂，回头再看一眼柳树，看见山谷的窑炉还在烧瓦。他登上猪牙船，躺下来，一路睡到江户。意义深远的溯游之旅在返家的路上难以复现。他也无力检验那棵颠倒松现在是否直立起来了：

> 清晨登上猪牙船：
> 菩提达摩也涅槃。[27]

此前，男人以莲花坐的佛教冥想姿势逆流旅行，但是在吉原，他悟到了无常的含义，就像菩提达摩那样。但更重要的是，他现在采用了佛陀进入涅槃时的吉祥卧姿势。另一首川柳写道：

> 去时打坐猪牙船，
> 归来佛陀入涅槃！[28]

小船抵达江户市中心时，船夫唤醒男人。他睁开眼睛，看到了头上温柔垂下的柳枝。

后记　从江户到东京

　　1867年，德川庆喜离开了江户，不再担任幕府将军。早前在是年11月的时候，他动身前往京都，这是幕府两百多年来第一次使用二条城。他将政权奉还给了天皇。日本一个势力强大的派系想要拥立一个西方式的国王，施行西方的政治制度，他们认为这是应对现代威胁和挑战的最佳方案。其他地方也正在进行类似的改革。英国人刚刚废黜了缅甸国王，剥夺了敏东（Mindon）一半的土地，并于1852年将他发配到一个偏僻之地，做"阿瓦王"（King of Ava）。在暹罗，蒙固国王（Mongkut）打得一手好牌，他致力于变革，给其他国家提供了可行的模式。现代主义不仅改变了苏伊士运河以东国家的政治，在欧洲，精英阶层也在重塑自己的形象。意大利的第一位国王于1861年加冕。十年后的1871年，德意志王国（被称为德意志帝国）实现了统一。日本也正在顺应这种国际性变革。对于非欧洲国家来说，这个问题非常紧迫。不进行变革，就存在着被殖民甚至被吞并的威胁。

　　德川氏早在19世纪40年代初就充分意识到了这种威胁。幕府将军有很大优势成为新一代的日本国王，西方人甚至将"幕府将军"译为"日本皇帝"（Emperor of Japan），而且延续了几百年，便是最好的说明。德川庆喜及其前任德川家茂做出了不懈的努力，以满足国际期望并使日本适应形势向现代国家转变，但他们遇到了重重阻力。德川氏已经掌握政权长达254

年，历经15代将军。这与历时240年也有15代将军的室町幕府不相上下，并远远超过了历时148年总计9代将军的镰仓幕府。这样，德川氏还不该退出历史舞台吗？何况他们还有很多敌人。西部地区的大名从来没有被幕府完全接纳过，也得不到信任，被称为"外样"，他们反对幕府继续执政，并提出更为激进的主张。这些大名控制的地区恰恰是欧洲船只抵达的港口区。在这些水域中，英国商人开始给"倒幕派"提供枪支武器。德川庆喜看到事态的发展，不想再发动一场内战——幕府将军们一生致力于阻止内战——令人惊讶地宣布辞职。因为他明白，没有哪个幕府可以延续千秋万代，而历史已经证明了这一点。他们早就知道自己的执政时间有限，庆喜只是体面地引退了。

"外样"早就选定了他们的新国王，当然非"内裏"莫属。但时年36岁的统仁一直在京都过着符合仪规的优雅生活，不确定自己是否能够承担大任。后世推测他可能被人用一种温和的方式谋害了，以给他那似乎更加容易摆布的儿子让路，那就是15岁的睦仁。

1868年，睦仁成为日本国王。但是，由于幕府将军曾经被称为"皇帝"，所以"天皇"这个称号便替代"国王"一直沿用至今。如果使用较低等级的称呼会显得没面子。（维多利亚女王当时正给国会施压希望获准使用"女皇"头衔，国会并未同意，后在1877年做出让步，允许她做印度女皇，但不能做英国的女皇。德国国王也可以称作皇帝，比如使用恺撒作为称号，并且埃塞俄比亚、巴西、俄罗斯和其他国家也都有皇帝。）对于日本人来说，天皇曾被称为"内裏"，但这是中世纪的标签，是在幕府将军实际控制政权后使用的称呼。古代的称呼是天皇，音"tennō"，虽然已有一千多年未曾使用，但这个称号现在又得以恢复。外国人觉得这个词很难发音（可能还有其他原因），因此，"天皇"也可以使用另一个更晦涩的古代用语"mikado"来代替。这个词读起来舌头比较自如，发音悦耳动

213

听且令人难忘，因此没再翻译成对应的英语词汇，可以直接使用，相当于英语中的"皇帝（emperor）"一词。这个称呼也符合英国的偏好，因为它喜欢保留富有浪漫异国情调的外国统治者称呼。 如此一来，Mikado这个词就可以加入埃米尔（emirs）、可汗（khans）、沙（shahs）、尼扎姆（nizams）和拉贾（rajas）等组成的丰富多彩的大名单中。

按照传统惯例，日本统治者不能被直呼名字。本书中提到的幕府将军在当时也不可能被这么赤裸裸地称呼， 通常会使用更尊崇的称号或谥号。内裏也是如此。 去世的统仁称为孝明（Kōmei），由于"天皇"取代了"内裏"，因此tenno被用作后缀（内裏的后缀是-in）。 死后的统仁成为孝明天皇（Kōmei-tennō）。 他的儿子睦仁继任后，决定引入一种王室命名制度（其实是一种过时的古代做法）。皇帝在世时会有一个称号，这与他的年号以及谥号一致。睦仁的称号是明治， 因此他是明治天皇——请注意，不能称天皇明治，因为明治不是他的名字。 这个称号是经过了慎重考量的，它的确立意味着江户这一黑暗时代结束了。

因此，1868年成为明治元年。一些幕府顽固分子不愿接受改朝换代，开始组织反抗，并藏身于上野的德川氏家庙宽永寺附近。明治的军队发动了炮击，叛军防线溃败，约300人丧生。这场战争被称为"戊辰战争"，其主要结果是彻底烧毁了宽永寺，摧毁了德川氏的忠诚军队彰义队力图保护的幕府将军墓。明治政权在宽永寺的闲置区域建了一个国家博物馆，存放光彩夺目、精美绝伦的艺术品。这些艺术品中很大一部分与佛教有关，而明治政权将佛教视为阻碍改革的障碍。大约有4万座寺庙被强行关闭，大部分寺庙里的物品遭到破坏，而且大都是故意砸毁的。但是，品质精良的物件或者古董珍品则移交给了博物馆。另外一些陈列的藏品，是为了证明如今称为皇室的宫廷作为其赞助者在历史上起到的重要作用。尽管大部分欧洲文物确属于皇家或贵族定制的物品，但日本的文物几乎完全是幕府将军

214

的定制品，这大大违背了明治政权关于天皇的叙事。天皇制度虽然在1868年才恢复确立，但在日本历史上从未缺席，并且一直在引领着整个民族。

明治天皇离开京都搬到了江户，也就是现在称为东京的"东方之都"。他接管了将军的城堡作为自己的住所，这座城堡在几十年前就曾遭受过一场大火，因此长达两个半世纪的德川王国的气息并没有太多残余。城市人口迅速减少了一半。幕府随行人员返回了自己的故乡，农民工也回到了农村。为适应新时代的要求，市中心以前被大名宅邸占用的空地被改建为各种机构设施，例如火车站、邮局、政府部门以及大使馆。

在东京各处，宏伟建筑拔地而起，以满足现代需求。该城市的部分地区类似于横滨、仰光，或像其他殖民城市及被吞并的港口城市。同样，在欧洲，为了彰显

图108：恩迪和鲍克曼建筑师事务所，《司法省及裁判所》，大审院，霞关，1910年，明信片。此为按照明治新政府要求新建的建筑之一，采用的是西方建筑风格（由德国建筑师设计）。这些建筑在旧日的幕府领域拔地而起，抹去了德川氏的空间痕迹

TOKYO——THE JUDICIAL DEPT. & COURT-HOUSE. 司法省及裁判所

变化，到处都在建设新城市，例如英国就建了利物浦。但是，作为迅速发展的首都，柏林和东京最相似。德国建筑师事务所恩迪和鲍克曼（Ende & Böckmann）被邀请到日本承担一系列的项目，因为他们曾成功地为西普鲁士设计过宫殿，这一作品被视为杰作。在他们为东京设计的众多作品中，有几个都采用了所谓德国新文艺复兴风格（图108）。

　　对于明治政府来说，创造一个具有国际化概念的环境至关重要。这个目标可以通过建造西式建筑达成，但仅此一点远远不够，其中一定要加入某种日本特色（无论这种特色以何种方式呈现）。这也符合时代的潮流。在许多国家，国际化的建筑风格一定夹杂着源自当地建筑的元素，德国新文艺复兴建筑就是一个例子，英国和法国也都有各自的新哥特风格建筑。一位名叫乔西亚·康德（Josiah Conder）的年轻专家于1877年到达日本，比恩迪和鲍克曼建筑师事务所来得还早。他采用的是英国人为殖民地设计的风格：这是一种融入异域元素的新哥特式风格，称为印度撒拉逊风格（Indo-Saracenic）。这种风格在现代建筑设计中吸取了伊斯兰特色。日本建筑也能够提供类似的装饰图案，但是康德声称他找不到任何资料可供参考，因此添加的是印度撒拉逊风格的装饰元素。他设计的日本国立博物馆于1882年开放，入口是印度莫卧儿风格的塔楼。

　　明治政权是一个强有力的政权，而且日本也需要一个强有力的政权。然而，它的建立恰逢一个自由平等观念盛行的时代。如欧洲，当然还有美国，提出了人人平等的观念，明治政府对此予以接纳、吸收。因此，江户时代的武士和平民的社会等级制度被废除，一种新型的日本贵族制度建立起来。美国并没有这类制度，但日本的贵族制度和欧洲的一样，都具有阶级压迫性质，其头衔、服饰和休闲活动都是效仿欧洲贵族模式建立的。但对大多数人来说，确实出现了某种意义上的平等主义。东京也烙上了这种印记。日本桥仍然是市中心，但是到了1911年，东京将拥有另一座漂亮的

215

216

图109：《银座砖瓦街与沿街树木》，佚名艺术家摄，照片，1890年。银座如今仍然是东京的主要街道之一，最初是为了给市民提供国际化购物体验而建造的。它是东京市第一个设有公共照明的街道。但是，银座的建筑并不适合日本的气候

大桥（这座桥也屹立至今）。新的观念使街道的景象发生了变化。以前，人们坐轿子或坐船来江户，而东京的标志性交通工具变成了人力车。尽管普遍认为人力车是印度人的发明，但它其实是彻头彻尾的日本发明。马拉无轨电车也很快出现在大街上。在一切以身份为准的江户社会，一个人出行的方式和地点甚至都取决于世袭的地位；现在，任何人都可以雇用人力车以及乘坐公共汽车，而这标志着时代的变迁。

东京拥有了一条专门的购物街，不是在江户原来的老地方，而是一个新的街道——银座（图109）。银座街上设有煤气路灯，象征着启蒙开明，实际上它也确实是个开明之地，由此出现了一个新

217

的俚语"逛银座"。东京也因此获得了现代生活的另一个典型特征，即出现了不分年龄、阶级和性别的闲逛者。

江户并不是瞬间消失的，而是渐渐远去的。今天它已不见踪影，尽管还有些令人印象深刻的建筑幸存。明治时期的东京也已不见踪影，在短短的几十年内，发生了1923年的关东大地震，然后是第二次世界大战的轰炸。如今，东京的面貌再次发生了变化，为方便机动车通行，交通要道和高架公路纵横交错。今天，这座城市的面貌几乎完全来自20世纪末和21世纪。它拥有着深厚的、多层次的过去，无疑也拥有多层次的未来。

注释参考

引言

1. 关于早期京都屏风的详细论述，参见马修·麦克尔韦：《首都风光：折叠屏风与中世纪晚期京都的政治想象》，夏威夷火奴鲁鲁，2006年。

2. 宫元健次：《江户的阴阳师——天海的景观设计》，人文书院，2001年。

3. 松代定信：《退官杂记》（1795—1797），引自《续日本随笔大成》第六卷，吉川弘文馆，1980年。

第一章　理想之城

1. 约翰·E.希尔：《穿过通往罗马的玉门：汉代晚期丝绸之路研究（公元1—2世纪）》，斯科茨山谷，加利福尼亚州，2009年。

2. 在平城京之前，首都为新益京（今天被称为藤原京）。藤原京呈网格状建设，但是宫殿位于中心。建于公元694年，后于710年被废弃。

3. 参见罗纳德·托比：《为何离开奈良？桓武天皇和迁都》，《日本文化志丛》XL/3，1985年秋。

4. 参见乔治·艾利森：《慷慨的大臣秀吉》，引自乔治·艾利森、巴德韦尔·史密斯编：《军阀、艺术家和平民：16世纪的日本》，夏威夷火奴鲁鲁，1981年。

5. 关于这一现象的研究，以及这个表达方式，请参见康斯坦丁·瓦普里斯：《使命之旅：武士，江户兵役，和早期现代日本文化》，夏威夷火奴鲁鲁，2008年。

6. 这一术语来自马修·麦克尔韦：《首都风光：折叠屏风与中世纪晚期京都的政治想象》，夏威夷火奴鲁鲁，2006年。

7. 关于这一过程，请参见池上荣子：《武士的驯服：敬语个人主义和现代日本的形成》，剑桥，1997年；氏家干人：《武士道与情欲》，讲谈社现代新书，1995年。

8. 司马江汉1813年的信，参见泰门·斯科里奇编译的《城市比较》，收录于苏米·琼斯编著：《江户文集：日本大城市文学，1750—1850年》，夏威夷火奴鲁鲁，2013年。其中提到的人可能是艺术家相川秀成（其创作室名为：民话）。

9. 同上。

10. 例如，久隅重时：《难波之风》（1855年），由杰拉尔德·格罗默翻译为《大阪的微风》，收录于他的著作《我们所见的国家，我们所见的时代》，夏威夷火奴鲁鲁，2019年。

11. "京にても京なつかしやほととぎす"，松尾芭蕉，1680年。引自尾形仍编：《新编芭蕉大成》，三省堂，1999年。尾形仍坚持认为应该读kyō，而非 miyako。

12. 木室卯云：《见た京物语》，1781年，由泰门·斯科里奇译为《我所见的京都故事》，收录于苏米·琼斯编著的《江户文集》。另见杰拉尔德·格罗默译《京都大观》，收录于《我们所见的国家，我们所见的时代》，夏威夷火奴鲁鲁，2019年。

第二章　幕府中心

1. 摘自秋里篱岛的《都名所图会》，1780年。参见竹村俊则等编：《日本名所风俗图会》第八卷，角川书店，1981年。

2. 详见迈克尔·库珀：《日本访欧洲使团，1582—1590：四武士游葡萄牙、西班牙和意大利》，滕特登，2005年；德里克·马萨雷拉编著：《16世纪欧洲的日本游人：日本驻罗马教廷大使的使命之对话（1590年）》，法纳姆，2012年。

3. 第一卷出版于1572年，第二卷于1588年，最终出版了六卷，于1617年完成。

4. 这围屏风现在与一幅世界地图配成一双，收藏于东京三之丸尚藏馆。

5. 关于这种现象，参见爱德华·卡门斯：《传统日本诗歌中的歌枕、典故和互文性》，纽黑文，1997年。

6. "驹とめて袖うちはらふかげもなし佐野のわたりの雪の夕暮"，《新古今和歌集》第671首。所有版本的《新古今和歌集》都遵循了古版本的结集次序。

7. 《平家物语》（c.1325年），海伦·麦卡洛译，加州斯坦福，1988年。

8. "すむしきや　待つ夜の秋の風ふけて　月をかたしく　いじのはしひめ"，《新古今和歌集》第420首。

9. 约翰·基什尼克：《佛教对中国物质文化的影响》，新泽西普林斯顿，2003年。

10. 筒井政宪：《长崎名胜图绘》，1800年；竹村俊则等编：《日本名所风俗图会》第15卷，角川书店，1983年。

11. 同上。

12. 李奥纳多·布卢斯和辛西娅·维艾编：《德希玛日记》，总12卷，莱顿，1986—2005年。

13. 斋藤幸雄等：《江户名所图会》，1834年，引自松原秀明编：《日本名所风俗图会》第5卷，角川书店，1981年。

14. 这种说法并无真凭实据，参见 https://ja.wikipedia.org/wiki/太鼓橋_（目黑区），2019年3月3日访问链接。

15. 池上荣子：《文明的纽带：审美网络和日本文化的政治起源》，马萨诸塞州剑桥，2005年。

16. 参见托马斯·F.克利里译：《进入现实世界：终极之书〈华严经〉》，马萨诸塞州波士顿，1987年。

17. 同上。

18. 参见八木清治：《经世论系谱》，《日本思想史讲座》第三卷，ペリカン社，2012年。

19. 浜田义一郎监修：《江户文学地名辞典》，东京堂出版，1973年。

20. 同上。

21. 泰门·斯科里奇：《幕府的绘画文化：1760—1829年间日本的恐惧与创造力》，伦敦，2000年；安妮·沃尔特霍尔：《隐藏幕府：日本德川幕府政治权威的秘密与本质》，收录于伯纳德·谢德和马克·泰文编：《日本宗教文化之谜》，伦敦，2006年。

22. 西山松之助等编：《江户学辞典》，古文社，1994年。

23. 明永乐皇帝（1403—1424年在位）发行的钱币，称为永乐通宝，日本也使用过；日本当地也有铸造，但是价值很低。1608年的禁令并未生效甚至被撤销。到了1670年永乐通宝才退出流通。参见诺曼·雅各布和科尼留斯·维梅勒：《日本铸币：日本货币史》，纽约，1972年；《日本货币史》，www.mint.go.jp/eng/kids-eng/eng_kids_index.html，2019年3月3日访问链接。

24. 角山荣：《时钟的社会史》，中央公论新社，1984年。

25. 与谢芜村：《忆往昔》，1774年，收录于尾形仂编：《芜村全集》第四卷，讲谈社，1992—2009年。非常感谢米卡·库列诺维奇提供本参考。

26. 角山荣：《时钟的社会史》，中央公论新社，1984年。

27. 同上。

28. 图36表明，这个称呼就刻在房子上。

29. 李奥纳多·布卢斯、辛西娅·维艾编：《德希玛日记》第11卷，莱顿，2001年。

30. 泰门·斯科里奇编：《被歌颂和被谴责的日本：卡尔·彼得·桑伯格和幕府王国》，伦敦，2005年。

31. 同上。

32. 李奥纳多·布卢斯、辛西娅·维艾编：《德希玛日记》第12卷，莱顿，2005年。

33. 同上。

34. 同上。

35. "甲比丹もつくばはせけり君が春"（1778），引自尾形仇编：《新编芭蕉大成》第四卷，三省堂。

36. "阿蘭陀も花に来にけり馬の鞍"，《芭蕉句集》。收录于大谷笃藏校注：《日本古典文学体系》第45卷，岩波书店，1962年。

37. 柳泽淇园：《独眠》（1724—1725），收录于《日本古典文学体系》第46卷，岩波书店，1965年。

38. "是にのみ通詞はいらず　分かるらん　かぴたんの聞く　石町のかね"。

39. "石町の鐘阿蘭陀まで聞こえ"。《俳风柳多留》，第17首。

40. 李奥纳多·布卢斯、辛西娅·维艾编：《德希玛日记》第12卷，莱顿，2005年。

41. 恩格尔伯特·坎普费尔：《坎普费尔所见之日本：德川文化一览》，比阿特丽斯·博达特·贝利译，夏威夷火奴鲁鲁，1999年。

42. "ゑちごやへ行くうき絵の数に入る"。关于表现越后屋的透视图，参见岸文和：《江户透视法——浮绘视觉》，劲草书房，1994年。

第三章　圣地江户

1. 参见Nam-lin Hur：《德川幕府晚期日本的祈祷与游戏：浅草寺与江户社会》，马萨诸塞州剑桥，2000年。

2. 参见Terumi Toyama：《复制的意义：17世纪江户对京都圣地的仿制》，伦敦大学亚非学院2017年博士论文。

3. 罗耶尔·泰勒编译：《日本能剧》，伦敦，1992年。

4. 这是《平家物语》（13世纪初）的记载，参见《平家物语》，海伦·麦卡洛译，加州斯坦福，1988年。在这个版本中，女神以龙的形象现身。

5. 安德鲁·瓦茨基：《竹生岛：日本桃山时代神圣艺术的利用》，华盛顿西雅图，2004年。

6. 参见富士：《复制的意义：17世纪江户对京都圣地的仿制》。

7. "飛ぶかと見える清水の俄か雨"。《俳风柳多留》，86/20。

8. 秋里离岛：《都名所图会》，1780年，收录于竹村俊则等编：《日本名所风俗图会》第八卷，角川书店，1981年。

9. 亨利·史密斯：《歌川广重的江户百景》，纽约，1999年。

10. 这部佚名诗集被称为《俳风柳多留》，冈田甫校订，《俳风柳多留全集》总6卷，三省堂，1999年。

11. "江戸の見物の随一は銭と金"。《俳风柳多留》，36/17。

12. "金銀が玉座で銭はお膝元"。《俳风柳多留》，36/21。

13. "京の寺両替して江戸へ建て"。《俳风柳多留》，32/9。

14. 这个名字还可以读作Zonnō。作为国师，他被敕封为"普光观智国师"。

15. 曾根原理：《神君家康的诞生：东照宫与权现大人》，吉川弘文馆，2008年。

16. 威廉·考德雷克：《幕府将军陵墓明治模型之谜》，《东方》，XXXVII/4，2006年。

17. 曾根原理：《神君家康的诞生：东照宫与权现大人》，第123—124页。

18. "江戸の図に点を打つたる佃島"，引自浜田義一郎监修：《江户文学地名辞典》，东京堂出版，1973年。

19. 西山松之助等编：《江户学辞典》，古文社，1994年。

20. 泰门·斯科里奇：《心中的镜头：日本江户后期的西方科学一瞥与流行意象》第二版，夏威夷檀香山，2002年。

21. 比留间尚：《江户的开帐》，吉川弘文馆，1980年。

22. 李奥纳多·布卢斯、辛西娅·维艾编：《德希玛日记》第10卷，莱顿，1997年。

23. 参见泰门·斯科里奇：《江户奇异之地：五百罗汉寺》，《日本文化志丛》，ⅩLⅧ/4，1993年冬。

24. 高桥弁：《复活的罗汉们：东京的五百罗汉》，天恩山五百罗汉寺，1981年。

25. "馬喰町五百の明日が四七"。《俳风柳多留》，8/104。

26. 参见泰门·斯科里奇：《江户奇异之地：五百罗汉寺》，图表14。

27. 森岛中良：《红毛杂话》（1787），《江户科学古典丛书》（恒和出版）第三十一卷，稻川，1980年。今天，神话中的灵鹫峰通常指印度拉吉尔市附近的耆阇崛山，而不再是斯里兰卡的那座山。

28. 同上。

29. N.H.N.莫迪：《长崎彩色版画和绘画收藏》，佛蒙特拉特兰，1969年。

第四章　研读江户城

1. 这是一句古老的表达方式，传闻是德川家康语录，出现在他的遗嘱《东照宫御遗训》中，并且经常被引用。参见曾根原理：《神君家康的诞生：东照宫与权现大人》，吉川弘文馆，2008年。完整的句子是"天下不是一个人的天下，而是天下人的天下"。A.L. 赛德勒将其翻译为 "The Empire does not belong to the Empire, neither does it belong to one man"，参见其著作《现代日本的缔造者：幕府将军德川家康生平》第二版，佛蒙特拉特兰，1978年。

2. 威廉·考德雷克：《日本建筑与权威》，伦敦，1996年。

3. 参见 www.digital.archives.go.jp/das/image-l/m20100212175309469918，2018年12月1日访问链接。

4. 赫尔曼·奥姆斯：《德川意识形态：早期建构》，密歇根州安娜堡，1998年。

5. 考德雷克：《日本建筑与权威》。

6. 有关二条城现存房间的英语评述，参见凯伦·M.格哈特：《权力之眼：艺术与早期德川政权》，夏威夷檀香山，1999年；考德雷克：《建筑与权威》。

7. 恩格尔伯特·坎普费尔：《坎普费尔所见之日本：德川文化一览》，比阿特丽斯·博达特·贝利译，夏威夷火奴鲁鲁，1999年。

8. 李奥纳多·布卢斯、辛西娅·维艾编：《德希玛日记》第13卷，莱顿，2001年。

9. 狩野安信：《画道要诀》，收录于河野元章昭等编：《日本绘画论大成》，鹈鹈社，1997。

10. 佩内洛普·梅森：《晴川院和他的素描：狩野派大师和江户城》，《日本文化志丛》，ⅩLⅧ/2，1988年夏。

第五章　诗中之城

1. 罗伯特·布劳尔、厄尔·米纳：《日本宫廷诗歌》，加利福尼亚斯坦福，1961年。

2. "行末は　空もひとつの　むさし野に　草のはらより　いづる月影"。《新古今和歌集》第422首。

3. "武蔵野は　月のいるべき　峰もなし　尾花が末に　かかる白雲"。《续古今和歌集》第426首。"源通亲"也称"土御门通亲"。

4. 有关此人与狩野永德的关系，请参阅约书亚·莫斯托：《宫廷影像：伊势物语与文化挪用的权术》，莱顿，2015年。

5. 劳拉·内齐：《身份的远足：日本江户旅行以及地点、性别和地位的交叉点》，夏威夷火奴鲁鲁，2008年。

6. Shiba Keiko：《文学创作之路：近代日本初期女性旅游日记》，Motoko Ezaki 译，马里兰州兰姆市，2012年。

7. 这部剧由苏珊·布莱克利·克莱恩翻译，收录于卡伦·布拉泽尔编：《十二部能剧和狂言》，纽约州伊萨卡市，1988年。

8. 信息来源于www.mokuboji.com，2017年12月23日访问链接。

9. 弗兰克·费尔滕斯：《尾形光琳（1658—1716）和日本近代早期绘画》，纽约哥伦比亚大学2016年博士论文。我对尾形光琳传记的评论也来自该资料。

10. 给上岛源之丞的信（1708年或1709年）。

第六章　吉原一游

1. 之前唯一提及这方面情况的书籍，参见渡边新一：《通往吉原的路》，《日本文学：解释与鉴赏》，1971年；再版于佐藤要人编：《川柳吉原风俗绘图》，至文堂，1972年。

后期文献请参阅罗伯特·坎贝尔：《前往吉原之路上的诗歌》，选自苏米·琼斯编：《想象/阅读性爱："1750—1850年的性与江户文化"会议论文集》，印第安纳布卢明顿，1996年。

有一篇关于此主题的当代论文发表在苏武绿郎编：《吉原风俗资料》，东京：文学资料研究会，1931年。由海伦永田翻译为《吉原之爱指南注释》，发表在劳拉·艾伦所编：《诱惑：日本的浮世》，加利福尼亚旧金山，2015年。

2. "二カ国のまん中をゆくその早さ"。《俳风柳多留》，31/31。

3. 亨利·史密斯在《歌川广重的江户百景》（纽约，1988年）一书中称之为"成功之松"，并没有注意到其颠倒的意义。

4. "猪牙舟ハ皆椎の木へ矢を離すなり"。引自浜田义一郎编：《江户文学地名辞典》，东京堂出版，1973年。

5. "しいの木ハ殿様よりも名が高き"和"左より右に见る椎面白い"。引自浜田义一郎编：《江户文学地名辞典》，东京堂出版，1973年。

6. "上るべはき たよりなき身は 木の本に 椎を拾いて世を渡る哉"。 参见《新编国歌大观》第五卷，角川书店，1989年。

7. "椎の木ハ今もかくれて行く所"。引自渡边伸一：《通往吉原的路》，《日本文学：解释与鉴赏》，1971年。

8. "土手へ鸟居がめり込んだように见へ"。《俳风柳多留》，36/32。

9. 佚名：《吉原恋之路》，苏武绿郎编：《吉原风俗资料》，东京：文学资料研究会，1931年。有关全文翻译，请参阅海伦永田《吉原之爱指南注释》。

10. "君や来し 我や行きけむ おもほえず 梦か现か ねてかさめてか"。《新古今和歌集》，第645首。

11. "かきくらす 心の闇に まどひにき 梦うつつとは 世人さだめよ"。《新古今和歌集》，第646首。

12. "瓦师の知つたふりする都鸟"。引自七久保博：《新吉原界隈》，《日本文学：解释与鉴赏》，1971年。

13. 也有人声称，之所以使用"日本"这个名字，是因为全国各地的大名都被要求为筑堤提供资金。参见佚名：《吉原恋之路》，1678年，苏武绿郎编：《吉原风俗资料》，东京：文学资料研究会，1931年。

14. "極楽と地狱の道ハ山谷橋"。《俳风柳多留》，76/9。

15. 社乐斋万里：《当世穴嘘》，引自中村幸彦《戏作论》，《中村幸彦著述集》

第8卷，中央公论新社，1982年。

16. "仲宿の前を遷俗を笑って行く"。《俳风柳多留》， 2/173。

17. "花の雲鐘は上野か浅草か"。引自大谷笃藏校注：《芭蕉句集》，《日本古典文学体系》第45卷，岩波书店，1962年。

18. "土手を行く医者ハ上野か浅草か"。《俳风柳多留》， 5/189 和5/292。

19. 引自中村幸彦：《戏作论》，《中村幸彦著述集》第8卷，中央公论新社，1982年。

20. "正燈寺何かれつぽとすぐ通る"。《俳风柳多留》，6/38。

21. 参见浜田义一郎监修：《江户文学地名辞典》，东京堂出版，1973年。

22. 森山孝盛：《賤のをだ卷》，《日本随笔大成》第 3 期第22卷，吉川弘文馆，1974年。

23. "年年歲歲客を呼ぶために植え"。引自大坂芳一、瀬川良夫：《吉原年中行事》，《日本文学：解释与鉴赏》，1971年。

24. 三田村鸢鱼：《按时间说话》，引自《三田村鸢鱼全集》第7卷，中央公论社，1975年。

25. 塞西莉亚·赛格尔：《吉原：日本妓女云集之地》，夏威夷火奴鲁鲁，1993年。

26. 例子参见中野光敏：《江户的花街柳巷》，选自小林忠等编：《京传、一九、春水：图说日本古典》，集英社，1980年。

27. "戻る猪牙達磨もあれば涅槃釈迦あり"。《俳风柳多留》，1/36。

28. "行く猪牙ハ座禅帰る猪牙涅槃釈迦"。《俳风柳多留》，160/38。

相关资料及延伸阅读

由于所有日文书籍的出版地都是东京，所以此处代之以出版商的名称。

下列著作为编写本书提供了很大帮助：

Hamada Giichiro, ed., *Edo bungaku chimei jiten* (Tokyōdō, 1973).

Naito Masatoshi, *Mato edo no toshi keikaku: Tokugawa shogun-ke no shirarezaru yabō* (Yōsensha, 1996）.

Nishiyama Matsunosuke et al., eds, *Edo-gaku jiten* (Kobunsha, 1994).

Okada Hajime et al., eds, *Haifu yanagidaru zenshu,* i3vols (Sanseidō, 1999）.

Ozawa Hiromu, *Toshi-zu keifu to edo* (Yoshikawa kōbun-kan, 2002).

Saito Yukio et al., *Edo meisho zue* [1800], in *Nihon fuzoku meisho zue,*vol. Ⅳ ed. Matsubara Hideaki (Kadokawa, 1981).

Toyama Terumi, 'The Signicance of Copying: Replication of Kyoto's Sacred Spaces in Seventeenth Century Edo', unpublished PhD thesis,SOAS, University of London (2017).

下列有关江户和东京历史的英文著作，作为延伸阅读供读者参考：

Clements, Jonathan, *An Armchair Traveller's History of Tokyo* (London,2018).

Enbutsu Sumiko, *Discover Shitamachi: A Walking Guide to the Other Tokyo,* 2nd edn (Shitamachi Times, 1986).

Groemer, Gerald, trans. and ed., *Portraits of Edo and Early Modern Japan:The Shogun's Capital in Zuihitsu Writings, 1657–1866*(Honolulu, HI,2019).

Jinnai Hidenobu, 'The Spatial Structure of Edo', in *Tokugawa Japan: The Social and Economic Antecedents of Modern Japan,* ed. Chie Nakane and Shinzaburo Oishi (Tokyo University Press, 1992), pp. 124–46.

Kinda, Akihiro, ed., *A Landscape History of Japan* (Kyoto, 2010).

Naito Akira et al., trans. and adapt. Mack Horton, *Edo, the City that Became Tokyo: An Illustrated History* (Kodansha International, 2003).

Nouët, Noël, *The Shogun's City* (London, 1990).

Rozman, Gilbert, *Urban Networks in Ch'ing China and Tokugawa Japan* (Princeton, NJ, 1973).

Seidensticker, Edward, *Low City, High City: Tokyo from Edo to the Earthquake* (Cambridge, MA, 1991).

Smith, Henry, *Hiroshige's One Hundred Views of Edo* (New York, 1998).

Sorensen, Andre, *The Making of Urban Japan: Cities and Planning from Edo to the Twenty-first Century* (Oxford, 2002).

Waley, Paul, *Tokyo: City of Stories* (New York, 1991).

——, and Nicolas Fiévé, eds, *Japanese Capitals in Historical Perspective:Place, Power and Memory in Kyoto, Edo and Tokyo* (Richmond, Surrey, 2000).

Yonemoto, Marcia, 'Nihonbashi: Edo's Contested Center', *East Asian History,* 17–18 (1999), pp. 49–71.

下列有关江户时期历史文化的英文著作，作为延伸阅读供读者参考：

Gerhart, Karen M., *Eyes of Power: Art and Early Tokugawa Authority* (Honolulu, HI, 1999).

Guth, Christine, *Art of Edo Japan: The Artist and the City, 1615–1868* (New Haven, CT, 2010).

Jones, Sumie, ed., *An Edo Anthology: Literature from Japan's Mega-City, 1750–1850* (Honolulu, HI, 2013).

Nakane, Chie, and Shinzaburo Oishi, eds, *Tokugawa Japan: The Social and Economic Antecedents of Modern Japan* (Tokyo University Press, 1992).

Nishiyama Matsunosuke, *Edo Culture: Daily Life and Diversions in Urban Japan, 1600–1868* (Honolulu, HI, 2013).

Screech, Timon, *Obtaining Images: Art Production and Display in Edo Japan* (London, 2012).

参考书目

Akisato Ritō, Miyako meisho zue [1780], in *Nihon meisho fūzoku zue*, ed. Matsubara Hideaki, vol. VIII（Kadokawa, 1981）.

Anonymous, *Tales of the Heike*, trans. Helen Craig McCullough（Stanford, CA, 1988）.

Anonymous, *Yoshiwara koi no michibiki*（1678）, in *Yoshiwara fūzoku shiryō*, ed. Sobu Rokur ō（Bungei shiry ō kenky ū kai, 1931）, pp. 71–125.

Asakura Haruhiko, ed., *Nihon meisho fūzoku zue*（Kadokawa, 1980）.

Berry, Mary Elizabeth, *Hideyoshi*（Cambridge, 1982）.

Blussé, Leonard, and Cynthia Viallé, eds, *The Deshima Dagregisters,* I3 vols（Leiden, 1986–2010）.

Brazell, Karen, ed., *Twelve Plays of the Noh and Kyogen eatres*（Ithaca, NY, 1988）.

Brower, Robert, and Earl Miner, *Japanese Court Poetry*（Stanford, CA, 1961）.

Campbell, Robert, 'Poems on the Way to Yoshiwara', in *Imaging/Reading Eros: Proceedings for the Conference 'Sexuality and Edo Culture, 1750–1850',* ed. Sumie Jones（Bloomington, IN, 1996）, pp. 95–7.

Cleary, Thomas, trans., *Entry into the Realm of Reality: The Text – The 'Gandavyuha', e Final Book of the 'Avatamsaka Sutra'*（Boston, MA, and Shaftesbury, 1987）.

Coaldrake, William, 'The Mystery of the Meiji Model of the Shogun's Mausoleum', Orientations, XXXVII/4（2006）, pp. 34–40.

——, *Architecture and Authority in Japan*（London, 1996）.

Cooper, Michael, *The Japanese Mission to Europe, 1582–1590*（Folkestone, 2005）.

Elison, George, 'Hideyoshi, the Bountiful Minister', in *Warlords, Artists and Commoners: Japan in the Sixteenth Century,* ed. George Elison and Bardwell Smith（Honolulu, HI, 1981）, pp. 223–44.

Feltens, Frank, 'Ogata K ō rin（1658–1716）and the Possibilities of Painting in Early

Modern Japan', unpublished PhD dissertation, Columbia University, New York （2016）.

Groemer, Gerald, trans. and ed., *Portraits of Edo and Early Modern Japan: The Shogun's Capital in Zuihitsu Writings, 1657–1855* （Honolulu, HI, 2019）.

Hill, John E., *Trough the Jade Gate to Rome: A Study of the Silk Routes during the Later Han Dynasty, 1st to 2nd Centuries CE*（Scotts Valley, CA, 2009）.

Hiruma Hisashi, *Edo no kaichō* （Yoshikawa Kōbunkan, 1980）.

Hur, Nam-lin, *Prayer and Play in Late Tokugawa Japan: Asakusa Sensōji and Edo Culture* （Cambridge, MA, 2000）.

Ikegami, Eiko, *Bonds of Civility: Aesthetic Networks and the Political Origins of Japanese Culture* （New York and Cambridge, 2005）.

——, *The Taming of the Samurai: Honorific Individualism and the Making of Modern Japan* （Cambridge, MA, 1997）.

Jacobs, Norman, and Cornelius Vermeule, *Japanese Coinage*（New York, 1972）.

Kaempfer, Engelbert, *Kaempfer's Japan: Tokugawa Culture Observed,* trans. Beatrice Bodart-Bailey （Honolulu, HI, 1999）.

Kamens, Edward, *Utamakura, Allusion, and Intertextuality in Traditional Japanese Poetry* （New Haven, CT, 1997）.

Kano Yasunobu, *Gadō yōketsu, in Nihon garon taisei,* vol. IV, ed. Kōno Motoaki et al. （Perikansha, 1997）, pp. 7–110.

Kieschnick, John, *The Impact of Buddhism on Chinese Material Culture* （Princeton, NJ, 2003）.

Kimuro Bōun, Mita kyō monogatari [1781], trans. by Timon Screech as 'Tales of the Kyō I Have Seen', in *An Edo Anthology: Literature from Japan's Mega-city, 1750–1850,* ed. Sumie Jones （Honolulu, HI, 2013）, pp. 454–65.

——, *Mita kyō monogatari* [1781], trans. by Gerald Groemer as 'Kyoto Observed', in Groemer, *The Land we Saw, the Times we Knew* （Honolulu, HI, 2019）, pp. 194–229.

Kishi Fumikazu, *Edo no enkinhō: uki-e no shikaku* （Keiso, 1994）.

Kubota Hiroshi, 'Shin-yoshiwara kaiwai', *Kokubungaku: Kaishaku to Kanshō,* CCVXXⅢ （1971）, pp. 249–62.

Kuroda Hideo, *Edo-zu byōbu no nazo o toku* （Kadokawa Gakugei, 2010）.

Kusumi Shigetoki, *Naniwa no kaze* [c. 1855], trans. by Gerald Groemer as 'Breezes of Osaka', in Groemer, *The Land we Saw, the Times we Knew* （Honolulu, HI, 2019）, pp. 299–324.

Lippit, Yukio, *Painting of the Realm: The Kano House of Painters in 17th-century Japan* (Seattle, WA, 2012) .

McClain, Ian, et al., eds, *Edo and Paris* (Ithaca, NY, 1995) .

McKelway, Matthew, *Capitalscapes: Folding Screens and Political Imagination in Late Medieval Kyoto* (Honolulu, HI, 2006) .

Mason, Penelope, 'Seisen'in and His Sketches: A Kanō Master and Edo Castle', Monumenta Nipponica, XLIII/2 (1988) , pp. 187–96.

Massarella, Derek, ed., *Japanese Travellers in Sixteenth-century Europe: A Dialogue Concerning the Mission of the Japanese Ambassadors to the Roman Curia* (*1590*) , trans. J. F. Moran (Farnham, 2012) .

Matsudaira Sadanobu, *Taikan zakki* [1795–7], in *Zoku Nihon zuihitsu taisei,* vol.VI (Yoshikawa Kōbunkan, 1980) , pp. 25–253.

Mitamura Engyō, 'Jikoku no hanashi' , in *Mitamura Engyō zenshū,* vol.VII (Chūō Kōronsha, 1975) , pp. 264–8.

Miyamoto Kenji, Edo no onmyōshi: *Tenkai no randosukeepu dezain* (Jinbun Shoin, 2001) .

Mody, N.H.N., *A Collection of Nagasaki Colour Prints and Paintings* (Rutland, VT, 1969) .

Morikawa Kenroku, ed., *Haibun haiku sen, in Nihon meichō zenshū* (Nihon meichō zenshū kankō-kai, 1928) , vol. XXVII, pp. 235–6.

Morishima Chūryō, *Kōmō zatsuwa, in Edo kagaku koten sōsho,* vol. XXXI (Inawa, 1980) , pp. 7–228.

Moriyama Takamori, *Shizu no odamaki, in Nihon zuihitsu taisei, series 3,* vol.XXⅡ (Yoshikawa K ō bunkan, 1974) , pp. 225–67.

Mostow, Joshua, *Courtly Visions: The Ise Stories and the Politics of Cultural Appropriation* (Leiden, 2015) .

Nagata, Helen, trans., 'Notes on a Guide to Love in the Yoshiwara', translation of anon., *Yoshiwara koi no michibiki* [1678], in *Seduction: Japan's Floating World: The John C. Weber Collection,* ed. Laura Allen (San Francisco, CA, 2015) , pp. 219–38.

Nakamura Yukihiko, 'Gesaku-ron', in *Nakamura Yukihiko chojutsu-shū,* vol.VIII (Chūō Kōronsha, 1982) .

Nakano Mitsutoshi, 'Edo no yūri', in *Kyōden, Ikku, Shunsui, Zusetsu: Nihon no koten,* vol.XVIII, ed. Kobayashi Tadashi et al. （Shūei-sha, 1989）, pp. 121–39.

Nenzi, Laura, *Excursions in Identity: Travel and the Intersection of Place, Gender, and Status in Edo Japan* （Honolulu, HI, 2008）.

Nigita Yūgi, *Nagasaki meishō zue* [*c.* 1800], in *Nihon meisho fūzoku zue,* vol. XV, ed. Ikeda Yosaburō et al. （Kadokawa, 1983）, pp. 33–240.

Ogata Tsutomu, ed., *Shinpen: Bashō taisei* （Sanshōdō, 1999）.

Ooms, Herman, *Tokugawa Ideology: Early Constructs* （Ann Arbor, MI, 1998）.

Ōsaka Hōichi and Segawa Yoshio, 'Yoshiwara nenchū gyōji', *Kokubungaku: Kaishaku to Kanshō,* CCCCVXIII （1971）, pp. 78–107.

Roseneld, John M., *Preserving the Dharma: Hōzan Tankai and Japanese Buddhist Art of the Early Modern Era* （Princeton, NJ, 2015）.

Sadler, A. L., *The Maker of Modern Japan: The Life of Shogun Tokugawa Ieyasu,* 2nd edn （Rutland, VT, 1978）.

Satō Yōjin, ed., *Senryū Yoshiwara fūzoku zue* （Chibunkaku, 1972）.

Screech, Timon, 'Comparisons of Cities', in *An Edo Anthology: Literature from Japan's Mega-city, 1750–1850,* ed. Sumie Jones （Honolulu, hi, 2013）, pp. 443–65.

——, *Edo no ōbushin: Tokugawa toshi keikaku no shigaku,* trans. Morishita Masaaki （Kōdansha, 2007）.

——, *The Lens within the Heart: The Western Scientic Gaze and Popular Imagery in Later Edo Japan, 2nd edn* （Honolulu, HI, 2002）.

——, *The Shogun's Painted Culture: Fear and Creativity in the Japanese States, 1760–1829* （London, 2000）.

——, 'The Strangest Place in Edo: The Temple of the Five Hundred Arhats', *Monumenta Nipponica,* XLVIII/4 （Winter 1993）, pp. 407–28.

——, ed. and intro., *Japan Extolled and Decried: Carl Peter unberg and the Shogun's Realm, 1775–1796* （London, 2005）.

Seigle, Cecilia, *Yoshiwara: The Glittering World of the Japanese Courtesan* （Honolulu, HI, 1993）.

Shiba Keiko, *Literary Creations of the Road: Women's Travel Diaries in Early Modern Japan,* trans. Motoko Ezaki （Lanham, MD, 2012）.

Sonehara Satoshi, *Shinkun ieyasu no tanjō: tōshōgō to gongen-sama* （Yoshikawa Kōbunsha, 2008）.

Suzuki Ikkei, *Onmyō-dō: jujitsu to mashin no sekai* （Kōdansha, 2002）.

Suzuki Masao, *Edo no hashi* （Sanseidō, 2006）.

Takahashi Ben, *Ikigaeru rakan-tachi: Tōkyō Gohyaku rakan* （Ten'on-zan Gohyaku Rakanji, 1981）.

Toby, Ronald, 'Why Leave Nara: Kammu and the Transfer of the Capital', *Monumenta Nipponica*, XL/3 （Autumn 1985）, pp. 331–471.

Tsunoyama Sakae, *Tokei no shakaishi* （Chūō Kōronsha, 1984）.

Tyler, Royall, trans., *Japanese Nō Dramas* （London, 1992）.

Ujiie Miko, *Bushidō to erosu* （Kodansha, 1995）.

Umehara Takeshi, *Kyōto hakken: chirei chinkon* （Shinchōsha, 1997）.

Van Goethem, Ellen, *Nagaoka: Japan's Forgotten Capital* （Leiden, 2008）.

Vaporis, Constantine, *Tour of Duty: Samurai, Military Service in Edo and the Culture of Early Modern Japan* （Honolulu, HI, 2008）.

Walthall, Anne, 'Hiding the Shoguns: Secrecy and the Nature of Political Authority in Tokugawa Japan', in *The Culture of Secrecy in Japanese Religion,* ed. Bernard Scheid and Mark Teeuwen （London, 2006）, pp. 331–56.

Ward, Philip, *Japanese Capitals: A Cultural Historical and Artistic Guide to Nara, Kyoto and Tokyo, Successive Capitals of Japan* （Cambridge, 1985）.

Watanabe Shin'ichi, 'Yoshiwara e no michi', *Kokubungaku: Kaishaku to Kanshō*, CCCVXXIII （1971）, pp. 8–22.

Watsky, Andrew, *Chikubushima: Deploying the Sacred Arts in Momoyama Japan* （Seattle, WA, 2004）.

Yagi Kiyoharu, 'Keisei-ron no keifu', in *Nihon shisō kōza*, vol.III （Perikansha, 2012）, pp. 331–62.

Yanagisawa Kien, Hitorine [1724–5], in *Nihon koten bungaku taikei*, vol.XLVI （Iwanami, 1965）, pp. 27–208.

Yosa Buson, *Mukashi o ima* [1774], in *Buson zenshū: Haishi bun*, vol.IV, ed. Ogata Tsutomu （Kōdansha, 2001）, pp. 139–40.

致 谢

感谢伦敦大学亚非学院的所有学生，多年来我一直在给他们上江户城镇规划这门课程，并从他们的见解和观察中收获颇多，也要感谢詹姆斯·麦克马伦，是他第一次把《新古今和歌集》介绍给我。还有Kasuya Hiroki，是他推荐我阅读《俳风柳多留》，从两本选集引用的和歌丰富了这本书，也丰富了我的生活。在写作的过程中，激发我灵感的同事包括贝丝·贝瑞、约翰·卡彭特、蒂姆·克拉克、艾伦·卡明斯、朱莉·戴维斯、史蒂夫·多德、露西亚·多尔茨、德鲁·格斯特尔、法比奥·吉吉、恩泽·汉、平野佳彦、亚当·克恩、Yukio Lippit、谢恩·麦考斯兰、梅丽萨·麦考密克、马修·麦凯利、多琳·穆勒、斯蒂芬·纳尔逊、珍妮·普雷斯顿、马修·斯塔夫罗斯、富山特鲁米、梅兰妮·特雷德、基思·文森特，以及其他很多朋友。

没有那些和我一起走在东京街头的同伴的帮助，探索江户是不可能完成的任务。这些特别的朋友包括三笠的明子公主、Hanano Gōichi、Ken Kondō、威尔·劳滕施莱格、中尾正郎、克劳斯·诺曼、加里·帕尔曼和谭欧·安索里。Morishita Masaaki在这个项目的早期阶段给予了我帮助，而露西·诺斯阅读并对出版前的几稿发表了意见。Matsushima Jin教会了我很多关于江户时代权力和权威的知识，Matsuo Hōdō则在佛教知识方面对我进行了启蒙。我还要真诚地感谢小林田下、高山浩史和田中彦给予我的巨大帮助。

英国笹川基金会和国际日本研究中心、伦敦大学亚非学院、Fuwaku基金会为本书的出版提供了大力支持。如果没有它们，这本书就不会面世。

图片致谢

作者和出版商对以下插图材料的来源及复制许可表示衷心的感谢。

我们已尽最大努力联系了版权所有者；如尚有未能联系到的任何人或未能予以致谢的任何人，请联系出版商，我们将在后续印刷出版时作出调整。为简练起见，以下还提供了某些艺术作品的现存地点：

源自赤松円麟的《比叡山写真帖》（坂本，1912），承蒙东京日本国立国会图书馆惠允：图39；

Ansharphoto/Shutterstock.com：图17；

源自日本建筑学会，*Meiji Taishō Kenchiku Shashin Shūran* (东京，1936)，承蒙东京日本国立国会图书馆惠允：图109；

阿德莱德南澳大利亚美术馆：图87；

芝加哥美术馆：图52、57、58、107；

旧金山亚洲艺术博物馆，The Avery Brundage Collection：图96 (b63d7.a-.b)；

旧金山亚洲艺术博物馆，Gift of Edith Fried，photograph ©Asian Art Museum of San Francisco：图97 (2005.59)；

Damiano Baschiera/Unsplash摄影：图23；

波士顿公共图书馆：图2；

乔治·布劳恩和弗朗兹·霍根伯格的《世界城市风貌》（Georg Braun and Franz Hogenberg，*Civitates orbis terrarium*）(科隆，1572)：图18、24；

伦敦大英博物馆：图45、46、103；

俄亥俄州克利夫兰艺术博物馆：图86、91；

江户东京博物馆：图67；

东京永青文库美术馆：图95；

华盛顿哥伦比亚特区，史密森学会，弗利尔美术馆，The Gerhard Pulverer Collection：图30；

东京五百罗汉寺：图63；

东京出光美术馆：图4、20；

奈良常光寺：图102；

京都寿光院：图70；

源自Engelbert Kaempfer著、J.G. Scheuchzer译的《日本的历史》（*The History of Japan: Giving an Account of the Ancient and Present State and Government of that Empire*），vol. Ⅱ(伦敦，1728)：图84；

科罗拉多州卡本代尔市，Kimiko and John Powers Collection：图36；

神户市博物馆：图7、64；

洛杉矶艺术博物馆(LACMA)：图34；

纽约大都会艺术博物馆：图26、28、29、31、38、65、69、98、99，100、101、105；

热海美术馆（MOA）：图94；

波士顿美术博物馆：图32、43、48、51、53、59；

东京三之丸尚藏馆：图19、22、71；

日本国立国会图书馆（东京）：图35、37、40、41、42、55、62、88、89、90、104；

佐仓市日本国立历史民俗博物馆：图5、21、49；

京都二条城，二之丸御殿：图73、74、75、76、77、78、79、80、81、82；

私人收藏：图3、25、54；

阿姆斯特丹国立博物馆：图106；

Royal Collection Trust/© Her Majesty Queen Elizabeth II 2019：图56；

泰门·斯科里奇摄影：图33；

京都Sennyī-ji寺①：图83；

承蒙Matthew Stavros惠允：图10、12；

东京国立博物馆：图85、92；

---

① 原文中 Sennyī-ji 有误，应为 Sennyu-ji，泉涌寺。——译者注

John Tsantes 和 Neil Greentree摄影 © Robert Feinberg：图44；

东京大学，Ono Hideo Collection：图16；

安东尼奥·维森蒂尼（Antonio Visentini），*Urbis Venetiarum Prospectus Celebriores* (威尼斯，1742)，Royal Collection Trust/© Her Majesty Queen Elizabeth II 2019摄影：图6；

早稻田大学图书馆：图8、61；

承蒙Jan Wignall惠允：图9；

利物浦世界博物馆：图60；

东京山种美术馆：图93。

图68的版权所有人Kamiosaki和图11的版权所有人Kenpei已遵循知识共享版权归属相同方式3.0许可证规定的条件在线发布。

图50的版权所有人Sara Stierch已遵循知识共享版权归属相同方式4.0国际公共许可证规定的条件在线发布。

图72的版权所有人Gothika和图27的版权所有人 Soramimi已遵循知识共享版权归属相同方式 4.0 国际公共许可证规定的条件在线发布。

读者可以自由地共享——以任何媒介或格式复制作品，改编——对作品进行合成、转换和改造，无论出于何种目的，甚至是商业性目的。但必须遵守以下条款：

版权归属——必须注明版权归属，提供许可证链接，并指出是否进行了更改。您可以用任何合理的方式来注明原始作品的版权归属，但是不得以任何方式表明版权方认可您的做法或您的使用。

相同方式共享——若您合成、转换或改造了原作品，则您必须使用和原作品相同的许可证来显示您的贡献（衍生作品）。

索　引